景安磊　　著

民办高校教师权益
实现研究

ON THE PROTECTION AND IMPLEMENTATION OF
THE RIGHTS AND INTERESTS OF
FACULTY IN PRIVATE UNIVERSITIES AND COLLEGES

社会科学文献出版社
SOCIAL SCIENCES ACADEMIC PRESS (CHINA)

前　言

　　教育是国家和社会发展的基石，教师是教育的奠基者。习近平总书记在 2018 年 9 月 10 日召开的全国教育大会上强调，坚持把教师队伍建设作为基础工作，为新时代教育事业发展提供了根本遵循。高等教育是国民教育体系和人力资源开发的关键环节，教师队伍是这个关键环节中的关键主体，也是实现高等教育内涵式发展的第一资源和依靠力量。建设高等教育强国，办好人民满意教育，对公办高校和民办高校教师队伍建设都提出了新的、更高的要求。坚持把教师队伍建设作为高等教育改革发展的基础工作，是新时代新形势下对高校教师地位和作用的新思考、新定位。

　　改革开放 40 年来，我国民办教育始终与经济社会发展同向同行，历经恢复发展、快速增长、规范调整、分类管理 4 个阶段，从"国家办学的补充"发展到成为社会主义教育事业的重要组成部分。40 年来，民办教育改变了政府包揽教育的体制，为推进教育改革提供了实证经验，形成了从学前教育到高等教育，从学历教育到非学历教育，层次类型多样，充满生机活力的发展局面，为提高教育供给水平、深化办学体制改革、推动教育现代化、促进经济社会发展做出了积极贡献。从教育事业统计数据看，2017 年全国共有各级各类民办学校 17.76 万所，约占全国学校总数的 1/3；各类民办学校在校生达 5120.47 万人，约占全国在校生总数的 1/5；民办学校专任教师约 265 万人，约占全国教师总数的 1/6。高等教育阶段，全国共有民办高校 747 所（含独立学院 265 所），超过全国高校总数的 1/4；民办高校在校生达 628.46 万人，超过全国高校在校生总数的 1/5；民办高校专任教师达 31.62 万人，占全国高校专任教师总数的近 1/5。[①]

我国民办高等教育在发展初期，受限于公私观念和寻求"合理回报"的动机，办学经费投入普遍不足，经费严重依赖于学费，学生的多少就意味着经费的多寡，因此各民办高校均将招生工作视为重中之重。然而，伴随生源数量的减少，高校之间的竞争日益激烈，跨过初期原始积累阶段的民办高校，把办学质量视作生命线和核心竞争力。其中，教师队伍成为影响办学质量的首要因素。同时，纵观 40 年发展历程，民办高等教育规模不断发展壮大，其在整个高等教育体系中的作用也越来越大，民办高等教育已经成为我国高等教育体系的重要增长点和促进高等教育改革的重要力量。但与之形成鲜明对照的是民办高校教师队伍建设相对落后，尤其是教师的合法权益没有得到有效落实，比如民办高校教师社会地位不高、待遇保障不力、职称评聘不畅、专业发展受限等问题未能从根本上解决。此外，与丰富的实践探索相比，我国民办教育改革理论准备相对不足，一定程度上影响了改革发展的进程和教师权益实现的程度。从现有政策看，政府和民办高校对教师队伍建设和教师权益实现重视程度仍然不够。伴随我国民办高等教育改革和发展，教师队伍建设已成为民办高等教育转型阶段的重点工作，民办高校教师权益实现研究已经成为民办高等教育改革和发展的重要议题，有效实现教师合法权益成为民办高校健康发展的关键。可以预见，未来高水平、有特色的民办高校也将是那些教师

---

① 本书数据不包括台湾省、香港特别行政区和澳门特别行政区的数据。

权益实现程度高的学校。

2016 年 11 月 7 日，第十二届全国人大常委会第二十四次会议表决通过了《全国人民代表大会常务委员会关于修改〈中华人民共和国民办教育促进法〉的决定》，其最大的亮点是明确规定实行非营利性和营利性民办学校分类管理，确立了分类管理的法律依据，初步构建了营利性与非营利性民办教育分类扶持、分类监管的政策体系。为推进民办教育分类管理，国务院及相关部门颁布了配套法规和政策，标志着我国民办教育进入分类管理的新时期，开启了民办教育发展的新征程。2016 年 12 月，《国务院关于鼓励社会力量兴办教育促进民办教育健康发展的若干意见》（国发〔2016〕81 号）发布，提出了促进民办教育改革发展的各项政策措施，为民办教育分类管理政策的落地提供了行动方案。意见再次强调要保障民办学校教师合法权益，加强教师队伍建设。2018 年，《中共中央国务院关于全面深化新时代教师队伍建设改革的意见》发布，这是新中国成立以来党中央出台的第一个专门面向教师队伍建设的里程碑式的政策文件。其中，该意见对民办学校教师队伍建设同样关注，专门就民办学校教师的社会保障、福利待遇、合法权利等提出明确要求。

本书坚持问题导向，立足政策研究和改革方向，着眼于民办高等教育改革发展的现实问题，深入讨论民办高校教师权益实现过程中的问题成因，重点关注可规范、可调整、可优化、可健全的政策动向和体制机制，为民办高校教师权益实现提供理论支撑和政策思路框架。在理论层面，本书构建了组织平衡理论、利益相关者理论和委托代理理论的分析框架，提出了符合我国民办高等教育发展特点和民办高校教师权益实现实际的前瞻性分析思路，拓展了民办高校教师权益实现理论、民办高等教育改革和发展理论和民办高等教育治理理论，为民办高等教育转型发展和模式创新提供新路径。在方法层面，本书运用实证调查、深入访谈和政策分析相结合的研究方法，用人口学特征的数据统计分析客观描述了民办高校教师权益实现现状和不同教师群体间的差异,用多元回归模型论证了民办高校教师实现的影响因素。通过访谈和文本分析,深入挖掘数据背后的影响因素,重点关注可调控的政策设计,为改进政策体系提供参考路径。在应用层面,本书致力于重构民办高校教师权益实现的政策体系,提出了重点消除阻碍因素、分类扶持区别对待、多方协同推进、共同参与治理的基本思路,为改进民办高等教育治理方式、激发民办高校发展活力、切实实现民办高校教师权益提供了政策上的参考。

需要说明的是,本书的主要政策资料以及基于实证分析得到的结论是在《民办教育促进法》2016年11月修订之前得到的,对营利性和非营利性民办学校实施分类管理的政策落地后,针对两类不同性质的民办高校,如何实现其教师权益,需要结合2016年以来的民办教育的新法规进行更加深入的研究。当前,我国民办教育改革在重要领域中和关键环节上取得突破性进展,分类管理、差异化扶持落实进了法律条文。《中华人民共和国民办教育促进法实施条例》为提高民办学校教师的身份地位,把保障教师权益、督查和引导民办学校重视师资队伍建设作为重要内容,专设一章予以明确规定;强调完善待遇,提升保障机制,畅通专业发展通道,让民办学校的专任教师获得同样的职业认同感、岗位幸福感、育人责任感、事业成就感和社会荣誉感。消除公办、民办学校教师职业差别的改革目标得到法律认可,政府支持民办教育改革发展的责任和义务更加于法有据。民办高校教师队伍建设进入新时期,解决教师权益实现问题面临新机遇。

摘　要

　　教师是立教之本、兴教之源，教师队伍是民办高校健康发展的根本力量。当前，我国民办高等教育正处在转型期，民办高校发展正由过度依赖生源和学费向重视师资队伍建设转变，教师队伍建设是民办高等教育转型阶段的基础性工作。能否有效实现民办高校教师的权益，直接关乎民办高等教育的可持续发展。

　　本书基于组织平衡理论、利益相关者理论和委托代理理论，构建了民办高校教师权益实现研究的分析框架，选取了北京、山东、浙江、河南、宁夏等 5 个省、自治区、直辖市的 7 所民办高校的 1027 名专任教师作为研究对象。本书通过问卷调查和深入访谈开展实证分析，分析民办高校教师权益实现过程中的问题成因，探析政策调整的思路，得出初步结论，提出对策建议。

　　第一章为导论。结合民办教育改革发展 40 年所经历的恢复发展、快速增长、规范调整、分类管理等 4 个阶段，以民办高等教育及其教师队伍发展背景、现状和法规政策的梳理为研究起点，总结民办高等教育的贡献和面临的机遇及挑战，分析民办高校教师权益实现的重要性和必要性。系统梳理国内外相关研究成果，为本书的撰写提供借鉴和思路。

　　第二章为理论研究。分析民办高校、民办高校教师及其权益的核心概念，指出民办高校教师权益主要指其身份地位、待遇保障、职称评聘和参与学校民主管理等要素。提炼分析组织平衡理论、利益相关者理论和委托代理理论的演进历程和主要观点，探寻其对民办高校教师权益实现研究的理论契合点和适用度，构建分析框架。

　　第三章为实证研究。呈现问卷编制和调查实施过程。数据显示：民办高校教师权益实现程度较低，主要表现为民办高校教师的身份地位不清，薪酬待遇和社会保障不足，职称评聘不畅，参与学校民主管理有限等方面。其中，民办高校教师身份地位和薪酬待遇方面的权益实现程度相对较低，另外养老保险问题，课题立项申请困难，评优评奖、进修培训机会较少，专业发展受限，参与学校民主管理机制不健全等问题突出。多元回归模型表明教师在实现自身合法权益的过程中的作用较小，处于相对弱势地位。

　　第四章到第七章为专题分析。结合访谈资料和各地改革实情，讨论民办高校教师身份地位、待遇保障、职称评聘和民主管理等方面权益实现问题的成因，分析当前政策动向和解决路径。

　　从问题成因分析看，公办、民办二元结构仍是制约民办高校教师权益实现的主要障碍，主要表现在公办高校教师和民办高校教师身份地位有别、薪酬待遇悬殊、社会保障体系双轨、职称评聘机会不均、参与学校民主管理途径不同等方面。此外，民办高校教师权益没有有效实现的原因复杂多样，涉及诸多利益群体。首先，相关法律法规政策不够具体，利益相关者责任不清，地方扶持政策难以落地。其次，政府相关部门从思想上依旧对民办高校及其教师的重要地位没有充分重视，民办高校教师权益实现存在观念障碍。政府部门的扶持政策和力度不够，监督管理机制不健全。民办高校教师权益实现除与教育行政部门有关外，还牵扯户籍管理、编制管理、社会保障等方面的问题和财政、工商、税务等诸多教育系统以外的部门，各方利益难以协调。再次，举办者（出资人）办学营利性目的客观存在，他们重短期效益，对于教师权益关注不够，经费保障不足。

从具体维度、政策动向和解决路径看。第一，民办高校法人属性不清，办学层次不同，地区政策存在差别，这些因素影响教师的身份地位。明确民办高校法人属性，鼓励地方率先突破，各利益相关方达成共识，这些是提高教师身份地位的改革思路。第二，薪酬制度不合理，办学目的多元，公办民办社保体系双轨并行，公共财政支持不够，这些因素影响民办高校教师的待遇保障。发挥政府和举办者的积极作用，建立成本分担机制，突破公办、民办社保体系双轨制，这是民办高校教师待遇保障的调整方向。第三，职称评聘体系单一，专业发展受限，地区政策存在差异，这些因素影响民办高校教师职称评聘。职称评聘统一管理，评聘标准体现民办高校教师职业特点，拓展民办高校教师专业发展空间，这是民办高校教师职称评聘的优化路径。第四，民主决策和民主管理机制不健全，举办者办学理念和内部管理制度不科学，这些因素影响民办高校教师民主管理参与。完善内部治理结构，健全民主管理参与机制，这是提高民办高校教师民主管理参与度的未来方向。

第八章为对策建议。针对民办高校教师权益实现中的问题和成因，从各利益相关方共同利益诉求等角度，提出实现民办高校教师权益的基本思路和途径。一方面，教师个体在实现自身合法权益的过程中，处于相对弱势地位，教师很难通过改变个人的职称、学历、工作量、工作年限和获得职务等努力，来实现自身合法权益。另一方面，民办高校是政府、举办者（出资人）、学校管理者、社区、教师和学生等利益相关者共同拥有的组织，他们不仅仅是影响学校决策和管理过程的外部环境，更是学校管理和决策的积极参与者。促进民办高校教师权益实现是政府的重要责任，也是政府改革创新公共服务，提供机制和方式的重要领域。此外，举办者（出资人）在民办高校教师权益实现过程中扮演待遇保障提供者和民主管理参与者的重要角色。民办高校教师权益实现，不仅需要各级政府相关部门积极参与，而且需要他们与举办者（出资人）、媒体、社区和全社会在相互尊重和相互信任的基础上，对实现和保障民办高校教师权益达成共识。

因此，民办高校教师权益实现需要构建政府、举办者（出资人）和教师等各利益相关方之间的新型合作伙伴关系。尽管各级政府、举办者（出资人）和教师等主体之间的利益或期望可能存在冲突，但他们之间也有很多利益结合点。我们要更多关注这些结合点，而非冲突，为民办高校教师权益实现提供切实有效的帮助。一是创造良好的法规政策环境，完善相关法律法规建设，确保民办高校教师权益保障政策有效落实。二是理清民办高校教师权益实现的基本思路。要分类扶持、区别对待，属地为主、中央为辅，多方协同、逐步推进，政府有为、市场发力，共同参与、共同治理。三是明晰权益实现的途径和措施。政府履行管理职能，切实发挥调控作用，学校负起办学责任，行业组织提供专业服务，三方共同助推民办高校教师权益实现。

ABSTRACT

Teachers are the foundation and wellhead of education, as well as the ultimate source of the developing of private education. Currently, Chinese private higher education is going through the transition in which the development of private universities and colleges is getting rid of over-reliance on student source and puts greater emphasis on the cultivation of teachers. The cultivation of teachers becomes the focus in present stage. Whether the rights and interests of faculty can be guaranteed will have a direct effect on the sustainable development of private higher education.

Based on the organization equilibrium theory, stakeholder theory and principle-agent theory, the book selected 1027 full-time teachers from 7 private universities or colleges in Beijing, Shandong, Zhejiang, Henan, and Ningxia as the subjects, and questionnaires and interviews were conducted. Findings and conclusions of empirical researches were revealed and feasible strategies were proposed to promote the rights and interests of faculty in private universities and colleges.

Chapter One is Introduction. By tracing back the background, current status, regulations and policies of private higher education and its teachers, this study recognizes the importance and necessity of the rights and interests of faculty in private universities or colleges. After a comprehensive review of research findings at home and abroad, research questions are clarified, and research approaches and techniques are developed.

Chapter Two is Theoretical Foundations. It defines key concepts, briefly introduces the evolution and main ideas of organization equilibrium theory, stakeholder theory and principle-agent theory to provide the basis of theoretical framework of this study.

Chapter Three is Empirical Analysis. The design of questionnaires and the implementation of surveys are presented. Data analysis shows that rights and interests of faculty in private universities or colleges are not sufficiently actualized, which mainly reflects in following aspects: ambiguous identity and lower social status; unsatisfactory salaries and social insurance; obstacles in professional title evaluation and employment; and limited participation in colleges' democratic management. Multivariate regression model is exploited to show that the faculty have comparatively weaker influence on achieving their own legitimate rights and interests.

Chapter Four to Seven are Subjects Analysis, based on interview materials and local situations. The underlying reasons of faculty's identity, salaries and social insurance, professional title evaluation, and participation in democratic management are elaborated, the current policy trends are analyzed and some practicable solutions are proposed. Several factors lead to the ambiguous identities and lower status of faculty members in private universities or colleges, such as unclear legal person identity of private universities or colleges, different education levels of different schools, regional disparity of relative polices. In view of this, to make clear private higher education institutions' legal identity, to encourage local governments to make breakthrough, and to promote a consensus among multi-stakeholders should be the overall path to enhance the status of faculty in private universities or colleges. Several factors lead to the current challenge in the aspect of salaries, benefits and job security, such as irrational system of salaries and remuneration, diversified goals of school-running, dual system of social security for the public sector and the private one, and insufficient support from public finance. In view of this, to give full play to the roles of the government and the sponsors, to establish the cost-share mechanism, to reform on the dual system of public vs private colleges should be the future directions. Several factors lead to the current difficulties in professional titles evaluation and promotion, such as the sole evaluation system, limited professional development and disparities of regional polices. In view of this, unified management of professional titles evaluation and rank promotion, flexible evaluation standards in accordance with the characteristics of faculty in private institutions, and more opportunities for professional development should be the strategies. Also, several factors lead to the current weak role of faculty in school democracy and management, such as the defective mechanism of democracy in school management, managers' illogical theory of school running, and unsound internal management system. In view of this, to improve internal governance structure and to enhance the mechanism of democratic participation should be the future focus.

Chapter Eight is Suggestions. To solve the problems exposed by the research, from the perspectives of common interests of multi-stakeholders, general ideas and corresponding approaches of protecting and realizing the rights and interests of faculty staff are proposed. First, create better legal environment by improving the legal and regulation system of private higher education to ensure that relevant polices could be put into action. Second, design the differential systems of management and treatment and promote the co-governance system with cooperative efforts from different parties. Third, stress the governmental roles of regulation and macro-control by performing certain governmental functions fully and properly, encourage private universities to take their responsibility to protect and promote teachers' rights and interests, and make sure that organizations play roles in providing professional services to help achieve teachers' rights and interests.

The last part is Conclusion. Main findings are summarized and refined, the research process is recapitulated, the innovation and weaknesses of the research are revealed and the focuses of possible researches in the future are expanded.

目　录

第一章

导　论

第一节　民办教育的历史贡献

一　我国民办教育政策法规的演变

我国民办教育的历史比较悠久，古代就有完全靠民间力量举办的私学和书院。从战国时期齐国的"稷下学宫"到唐代明文鼓励私人办学，再到宋代私塾、书院等私学机构的繁盛，私学和书院为历代教育事业的发展提供了不可小觑的推动力。在近代，以西方的教会学校和私立学校为主体的私立教育日益发展。据有关统计，1948年全国私立高校有75所，[①] 其中燕京大学、南开大学、辅仁大学、厦门大学、复旦大学、同济大学、光华大学等一批私立高校，具有深厚的文化积淀，极高的办学质量和广阔的国际视野，在全国乃至在国际上享有盛名。这些私立高校多由爱国志士兴建、爱国华侨投资或外国教会资助，校长严复、张伯苓、林文庆、马相伯、张寿镛等亦是全国知名

---

① 教育部教育年鉴编纂委员会：《第二次中国教育年鉴》第二编第六章，商务印书馆，1948，第125页。

的教育家。这些私立高校构成了中国近代私立高等教育体系，为当时积贫积弱的中国培养了大批人才。

新中国成立后，政府对私立学校采取"积极维持，逐步改造，重点补助"的方针。1950年8月14日，教育部颁布《私立高等学校管理暂行办法》，要求全国私立高等学校无论过去已经立案与否，均需重新申请立案，将校名及所在地、学校历史、校董会章程、校舍及师生情况、资产仪器设备和办学经费运行等报教育部核准立案。1952年底，对私立高校的社会主义改造全部完成，私立高校全部转为公立高校。从此至1970年代末，我国私立学校的发展一度中断。

1978年党的十一届三中全会后，随着各领域的拨乱反正，教育事业也进入全面恢复和发展的新时期，各行各业对专业人才的迫切需求激发了在职人员、社会人员和学校备考学生对技术技能培训和文化课补习的热情，但当时的公办学校还不能完全满足现代化建设和广大青年学习科学技术的需要。一些热心教育的社会人士和离退休教师利用闲置的教育资源，面向社会开办的技能培训学校、文化补习学校和外语进修学校应运而生，民办教育进入恢复发展阶段。这一时期，民办教育获得了较为宽松的政策环境，法律地位逐渐得到认可，成为国家办学的补充和教育事业的组成部分。1982年，《中华人民共和国宪法》确定了社会力量办学的法律地位，鼓励集体经济组织、企事业单位和其他社会力量依照法律规定举办各种教育事业。同年，由全国科学社会主义学会和北京科学社会主义学会联合在北京开办的中华社会大学，被认为是新中国成立后的第一所具有民办性质的高等教育机构。① 1985年，《中共中央关于教育体制改革的决定》发布，它要求

---

① 对于新中国成立后的第一所具有民办性质的高等教育机构主要有两种观点：一种观点认为是成立于1978年底的湖南中山进修大学；另一观点认为是创办于1982年的中华社会大学，2002年后更名为北京经贸职业学院。后一种观点被学术界普遍认可。

各地鼓励和指导国营企业、社会团体和个人办学，鼓励单位、集体和个人捐资助学。政府鼓励社会力量办学的导向更加明确，为民办教育发展奠定了良好的政策基础。1987 年，国家教委颁布《关于社会力量办学的若干暂行规定》，明确指出社会力量办学是我国教育事业的组成部分，是国家办学的补充，各级政府及教育行政部门应鼓励和支持社会力量举办各种教育事业。这是我国首次以部门规章的形式将民办教育纳入国家教育体系，进一步推动了民办教育的恢复发展。

1992 年的邓小平南方谈话，澄清并解决了社会主义建设中的若干理论和实践问题，特别是关于姓"资"还是姓"社"的论述，使改革开放进入新阶段，同时也为教育体制改革指明了方向。这一时期，民办教育在"积极鼓励、大力支持、正确引导、加强管理"的方针指导下，进入大胆试、大胆闯、大步走的快速发展阶段。为进一步促进民办教育健康发展，1997 年，国务院颁布《社会力量办学条例》，它明确了民办教育发展基本原则、机构设立、教学和行政管理、财产和财务管理、机构变更与解散、政府保障与扶持及法律责任等内容，重申社会力量办学是社会主义教育事业的组成部分。它同时也强调，社会力量办学在义务教育阶段可作为国家办学的补充；严格控制社会力量举办高等教育机构。

进入 21 世纪，我国民办教育发展积累了丰富的实践经验，但由于相关法律法规还不健全，扶持政策还不完善，管理制度体系还不完整，民办教育在快速发展的同时也出现了许多问题，亟须加强顶层设计和统筹规划。2003 年，我国首部民办教育专门法《民办教育促进法》正式施行，明确了民办教育属于公益性事业，是社会主义教育事业的组成部分，将国家对民办教育的"十六字"方针上升为法律条文，也为民办教育奠定了法律基础。民办教育进入优化发展环境、规范办学秩序的"快车道"。2010 年《国家中长期教育改革和发展规划纲要（2010—2020年）》明确了政府对民办教育"大力支持"和"依法管理"的导向，要求加强政府对民办教育的统筹、规划和管理责任，积极探索营利性和非营利性民办学校分类管理的途径，同时提出要修订《民办教育促进法》。"分类管理"的正式提出，为我国民办教育发展提供了改革思路。

为落实《国家中长期教育改革和发展规划纲要（2010—2020年）》的部署，从法律层面破解《民办教育》发展面临的法人属性、产权归属、扶持政策、平等地位等方面的突出矛盾和关键问题，2012年教育部启动了《民办教育促进法》的修订调研工作。历经3次审议，《民办教育促进法》于2016年11月7日由第十二届全国人大常委会第二十四次会议审议通过。本次修订的最大亮点是确立了分类管理的法律依据，明确实行非营利性和营利性民办学校分类管理，允许举办学前教育、高中阶段教育、高等教育以及非学历教育的营利性民办学校。民办教育加快改革进程，进入分类管理新时代。

经过40年的改革发展，我国民办教育取得了历史性成就，成为社会主义教育事业的重要组成部分，是教育事业发展的重要增长点和促进教育改革的重要力量。在高等教育领域，以政府办学为主体、公办高等教育和民办高等教育共同发展的格局初步形成。据教育部统计，2017年全国共有普通高校2631所，其中民办高校747所（含独立学院①265所），占全国普通高校总数的28.4%。2003～2017年，我国民办高等教育发展迅速，民办高校数量由422所增加到747所，每年平均增加约23所（见图1-1）；在校生数由81万人增长到628.46万人，每年平均增长约40万人。

---

① 独立学院指实施本科以上学历教育的普通高等学校与国家机构以外的社会组织或者个人合作，利用非国家财政性经费举办的实施本科学历教育的高等学校。

图 1 – 1 2003～2017 年民办高校数及其占全国普通高校数的比例

资料来源：2003～2017 年《中国教育统计年鉴》。

二 民办高等教育的历史贡献

改革开放 40 年的实践充分证明，国家恢复和大力发展民办高等教育的决策是正确的，公办高等教育和民办高等教育共同发展是我国高等教育事业又快又好发展的必然选择。民办高等教育在丰富高等教育资源供给、实现高等教育大众化、吸引民间资金进入教育领域、弥补财政性教育经费投入不足、扩大社会就业等方面发挥的作用有目共睹。此外，民办高等教育已经成为高等教育事业发展的重要增长点和促进高等教育改革的重要力量。

（一）扩大高等教育资源，增加高等教育入学机会

民办教育改变了教育服务的供给结构，增加了全社会的教育资源供给，深化了教育供给侧改革，满足了人民群众多层次、多样化的教育需求。20 世纪 80～90 年代，"穷国办大教育"的状况使得一些地方学位紧张，难以满足让每个适龄学生都"有学上"的要求，此时的民办教育在相当程度上缓解了政府教育经费不足导致的学位紧张状况，增加了人民群众接受教育的机会。随着经

济社会的发展,人民群众的教育诉求逐渐从"有学上"向"上好学"转变。

在高等教育领域,数量不断增长、规模不断扩大的民办高校,进一步扩大了高等教育资源总量,增加了高等教育入学机会,已经成为我国高等教育体系中不可或缺的组成部分,为实现高等教育大众化、探索中国特色的高等教育发展道路做出了积极贡献。2017 年,我国高等教育毛入学率达到 45.7%,民办高校(含独立学院)在校生达628.46 万人,① 占全国普通高校在校生总数(2753.59 万人)的22.82% 。(见图 1-2)

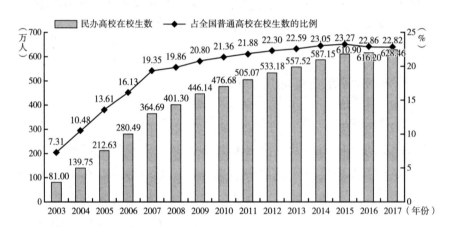

图 1-2 2003~2017 年民办高校在校生数及其占全国普通
高校在校生数的比例

资料来源:2003~2017 年《中国教育统计年鉴》。

(二)优化高等教育区域布局,满足人们对高等教育的多样化需求

在社会主义市场经济条件下,由社会力量举办的民办高校多分布在经济相对发达的省市,适应了人民群众对高等教育多样性和选择性

---

① 教育部:《2017 年全国教育事业发展统计公报》,2018 年 7 月 19 日。http://www.moe.gov.cn/jyb
_ sjzl/sjzl_ fztjgb/201807/t20180719_ 343508. html,最后访问日期:2018 年 10 月 15 日。

需求。截至 2017 年，我国（不包括港澳台地区）除西藏自治区没有民办高校外，其他 30 个省、自治区、直辖市均有民办高校，东部地区 11 个省、直辖市有民办高校 345 所，占全国民办高校总数的 46.2%；中部地区 9 个省、自治区有民办高校 232 所，占全国民办高校总数的 31.1%；西部地区 11 个省、自治区、直辖市的民办高校数量相对较少，共 170 所。另外，全国民办本科院校共 427 所，东部、中部和西部分别有 198 所、139 所和 90 所。（见表 1－1）

表 1－1　2017 年全国民办高校区域分布情况

单位：所

东部	民办高校	民办本科院校	中部	民办高校	民办本科院校	西部	民办高校	民办本科院校
广东	54	27	湖北	42	32	四川	34	16
江苏	52	31	河南	37	17	陕西	30	21
山东	40	23	湖南	31	20	重庆	26	8
福建	37	15	江西	31	19	广西	24	12
浙江	36	27	安徽	31	15	云南	20	9
河北	36	24	吉林	18	12	贵州	15	9
辽宁	34	24	黑龙江	17	12	新疆	9	5
上海	20	7	山西	15	10	甘肃	7	5
北京	16	7	内蒙古	10	2	宁夏	4	4
海南	8	2				西藏	0	0
天津	12	11				青海	1	1
合计	345	198	合计	232	139	合计	170	90

　　注：按照各省、自治区、直辖市民办高校数量降序排列。资料来自教育部网站（http：//www.moe.gov.cn/srcsite/A03/moe_ 634/201706/t20170614_ 306900.html），数据更新截至 2017 年 5 月 31 日。

民办高校在办学之初即具有较强的市场意识、效率效益意识和经营观念，在积极主动服务地方经济发展和优化区域高等教育布局等方面发挥了积极作用。近年来，随着《教育部　国家发展改革委　财政部关于引导部分地方普通本科高校向应用型转变的指导意见》的落实，民办高校转型发展，助力区域经济改革和发展，呈现出蓬勃发展之势。

（三）培养大批应用型人才，促进区域社会经济发展

民办高校以其灵活的机制和体制优势，快速响应市场和区域经济发展对各种人才的需求，提高了人才培养与社会需求的契合度；及时调整专业设置和人才培养结构，为地方经济及各行业企业发展提供急需的高层次技能型人才。从 2003～2017 年全国教育事业发展统计公报数据看，民办高校共为社会输送本、专科毕业生 1416 多万人，占 2003～2017 年全国普通高校毕业生总数（7829 万人）的 18%（见图 1-3）。当前，一些民办高校以为当地经济社会发展服务为宗旨，加快面向地方高新技术产业和新兴第三产业的专业学科建设，为地方经济发展输送了大量高素质应用型人才。它们每年为各行各业输送几百万人的技术技能型人才，开展各类培训达上千万人次。这些技术技能型人才已经成为产业大军的重要力量。

近年来，随着"双创"战略的深入实施，民办高校学校创新、创业优势日渐突出，越来越多的民办高校学生在与新兴产业领域相关的科技成果竞赛和创业大赛中脱颖而出，释放了巨大的创新潜力。在深化校地合作、校企合作、产教融合等方面，民办高校具有反应快和成效显著的特点。一些学校把办学思路转到服务地方经济社会发展上，支持、引导企业深度参与民办高校教育教学改革，以产业需求及技术发展为导向，促进企业需求融入人才培养环节，为"引企入教"和产教融合提供了丰富实践经验。在优化人才培养层次和类型结构方

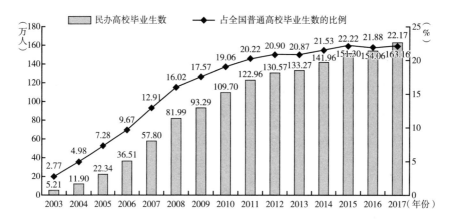

图1-3 2003~2017年民办高校毕业生数及其占全国高校
毕业生总数的比例

资料来源：2003~2017年《中国教育统计年鉴》。

面，民办高校正在积极探索培养具有扎实理论基础，并适应特定行业
或职业实际工作需要的应用型高层次专门人才。"十二五"以来，我
国批准5所民办高校开展硕士专业学位研究生培养试点。2017年民
办高校硕士研究生有1200多人，为民办高校培养高端专业技术人才
提供了有益探索。

总之，民办高校对完善我国高等教育体系、促进区域经济发
展、引领教育改革创新和建设和谐社会的贡献巨大，但也存在诸多
问题。

当前，从发展机遇来看，党和国家对民办教育高度重视，民办高
等教育迎来改革和发展的春天。《国家中长期教育改革和发展规划纲
要（2010—2020年）》充分肯定了民办教育的地位和作用，明确提出
要"大力支持民办教育"。党的十八大、十九大报告也提出鼓励引导
社会力量兴办教育、支持和规范社会力量兴办教育的要求。2016年
11月7日，十二届全国人大常委会第二十四次会议决定对《中华人
民共和国民办教育促进法》作修改，修改内容明确了对民办学校按

照非营利性和营利性进行分类管理,直指当前民办教育存在的瓶颈问题,对促进民办学校发展、提高办学质量、规范办学行为、保障师生合法权益等具有重要意义。2016年以来我国民办教育改革取得了突破性进展,法律法规密集出台,配套政策逐步完善,营利性和非营利性民办学校分类管理也全面发力,多点布局,往纵深推进。民办教育改革的系统性、整体性、协同性不断增强,改革广度和深度也不断拓展,民办教育已进入"全面施工、内部装修"的分类管理新阶段,民办教育包括民办高等教育迎来全面深化改革的战略机遇期。

从问题和挑战看,我国民办高校在快速发展的同时,也存在诸多问题。一是民办高校法人属性不清晰,产权归属、产权配置、产权运作等管理混乱;二是民办高校内外部管理不完善,政府宏观管理权责不清、界限不明;三是社会偏见尚未根除,民办高校改革和发展缺乏公平竞争的政策环境;四是国家支持民办高等教育的经费保障机制尚不健全,各项扶持政策难以落实;五是民办高校自我发展和约束机制尚未形成,学校内部财务资产管理不规范,办学质量参差不齐;六是民办高校教师队伍建设不足,尤其是教师合法权益不能得到切实保障,已成为民办高校可持续发展迟迟难以突破的瓶颈问题。

三 教师权益实现成为关键因素

(一)教师权益实现是民办高等教育改革发展的迫切需求

教育大计,教师为本,教师是教育科学事业的奠基人。教师是立教之本、兴教之源,拥有好的教师,才会有好的教育。对民办高校而言,教师的地位和作用更为重要。当前,民办高校稳步发展,面临的已不是如何生存的问题,而是在激烈竞争中如何胜出的问题。从某种程度上讲，教师是民办高等教育快速发展的关键因素，也是影响民办高校健康发展的主要因素。教育部数据显示，2003 年，我国民办高校专任教师有 5.01 万人，仅占全国普通高校专任教师总数的 6.92%；2017 年，民办高校专任教师增加至 31.62 万人，占全国普通高校专任教师总数的 19.36%；2003 ~ 2017 年民办高校专任教师数年均增加约 2 万人。民办高校专任教师人数及其占全国普通高校专任教师总数的比例在不断增加，民办高校专任教师已经成为我国高校教师队伍中不容忽视的群体。民办高校教师在民办高等教育改革发展的过程中的作用不容忽视，其权益的实现是我国民办高等教育改革发展中需要解决的问题。（见图 1 – 4）

图 1 – 4 2003 ~ 2017 年民办高校专任教师数及其占全国普通高校专任教师数的比例

资料来源：2003 ~ 2017 年《中国教育统计年鉴》。

（二）教师权益实现是提高民办高等教育办学质量的必然要求

我国民办高等教育发展的初始阶段，办学经费投入不足，经费严重依赖生源，学生的多寡就意味着学费的多寡。因此，各民办高校均将招生工作视为重中之重。但伴随生源危机的来临，高校间日益激烈的竞争使民办高等教育把教学水平的提高视为重中之重。教师队伍成为民办高等教育质量中的关键因素，也是实现高等教育内涵式发展的第一资源和依靠力量。重视教师队伍已成为民办高校的共识。但是，与公办高校教师相比，民办高校教师权益实现存在诸多障碍。

我国高等教育体系中，公办高校属于事业单位，[①] 其教师人事关系纳入事业编制管理，待遇保障由国家财政和学校双方提供；其教师职称评审由学校自主评聘或由教育行政部门审批。但有高级职称评审权的高校数量不多，在国家取消省级教育行政部门对高校教师高级职称评审权之前，具有教授、副教授评审权的高校共有298所，全部为公办高校。在2016年11月《民办教育促进法》修订之前，民办高校的法人属性多为"民办非企业单位"，[②] 即教师队伍管理和福利待遇由学校，即举办者（出资人）承担，民办高校没有教师职称评审权。因此，公办高校教师和民办高校教师的身份地位、社会保险、福利待遇等方面存在制度设计上的双轨体系。与公办高校教师相比，民办高校教师权益实现存在制度性的不平等。当前，民办高校教师权益实现方面存在的诸多问题是我国民办高等教育发展水平和阶段性特征的集中体现。这些问题主要表现为民办高校教师的社会地位不高、身份编制不明、待遇保障不足、职称评定困难、队伍稳定性不够、队伍结构不合理、组织认同感不强、专业发展受限等。这些问题严重制约民办高校的可持续发展。实现民办高校教师

---

① 事业单位是指国家以社会公益为目的，由国家机关举办或者其他组织利用国有资产举办的，从事教育、科技、文化、卫生等活动的社会公共服务组织。

② 民办非企业单位，是指企业事业单位、社会团体和其他社会力量以及公民个人利用非国有资产举办的，从事非营利性社会服务活动的社会组织。根据定义，民办高校属于民办非企业单位。

权益是破解上述问题，提高教师职业吸引力和民办高等教育质量的关键举措。

（三）民办高校教师权益实现是落实相关法律法规的重要内容

法律法规为实现民办高校教师权益提供了保障。1993 年颁布的《中华人民共和国教师法》首次从法律层面对教师权利和义务、资格和聘任、培养和培训、考核和奖励、保障和待遇等方面做出了具体规定。这些规定适用于在各级各类学校和其他教育机构中专门从事教育教学工作的教师，民办高校需要根据实际参照执行。但是因办学资金来源不同，《教师法》也规定民办学校教师的待遇由举办者自行确定并予以保障。《教师法》为民办高校教师权益保障提供了引导性的法律保障，并谨慎地规定了适用范围，预留了修订空间。

1995 年颁布的《中华人民共和国教育法》第四章专门就"教师和其他教育工作者"明确规定教师享有法律规定的权利："国家保护教师的合法权益，改善教师的工作条件和生活条件，提高教师的社会地位。教师的工资报酬、福利待遇，依照法律、法规的规定办理。"1998 年颁布的《中华人民共和国高等教育法》规定，"国家保护高等学校教师及其他教育工作者的合法权益，采取措施改善高等学校教师及其他教育工作者的工作条件和生活条件"；"高等学校应当为教师参加培训、开展科学研究和进行学术交流提供便利条件"。在促进民办高校教师权益实现的实践中，上述各项法律提供了有力保障。

在民办教育专门法律法规方面，为了鼓励民办教育发展，维护举办者、学校及其他教育机构、教师及其他教育工作者、受教育者等的合法权益，1997 年国务院颁布《社会力量办学条例》，首次明确提出了"社会力量举办的教育机构及其教师和学生依法享有与国家举办的教育机构及其教师和学生平等的法律地位"，同时要求各级政府

13

"对社会力量举办的教育机构在业务指导、教研活动、教师管理、表彰奖励等方面，应当与对国家举办的教育机构同等对待"。民办学校可以自主聘任教师和其他教育工作者，但教师和其他教育工作者应当具有国家规定的教师资格并符合其他任职条件，学校对其聘任的教师加强政治思想教育和业务培训，保障教师工资、社会保险和福利等。为进一步促进民办教育事业的健康发展，2003年9月1日，我国首部关于民办教育的专门法律《民办教育促进法》正式实施。《民办教育促进法》在法律上保障了民办学校教师与公办学校教师具有同等地位。同时规定：民办学校教师，应当具有国家规定的任教资格；民办学校应当对教师进行思想品德教育和业务培训；民办学校应当依法保障教职工的工资、福利待遇，并为教职工缴纳社会保险费；民办学校教职工在业务培训、职务聘任、教龄和工龄计算、表彰奖励、社会活动等方面依法享有与公办学校教职工同等的权利。随后，2004年施行的《民办教育促进法实施条例》对民办学校教师发展及队伍建设有了更加具体、可操作性的规定。

2010年，《国家中长期教育改革和发展规划纲要（2010—2020年）》明确提出要大力支持民办教育，依法落实民办学校教师与公办学校教师平等的法律地位，建立、完善民办学校教师社会保险制度，落实民办学校教职工参与民主管理、民主监督的权利等。针对教师队伍建设面临的新形势和新挑战，2012年8月，教育部出台《关于鼓励和引导民间资金进入教育领域促进民办教育健康发展的实施意见》，专门就落实民办学校教师待遇做出规定，要求落实民办学校教师在资格认定、职称评审、进修培训、课题申请、评先选优、国际交流等方面与公办学校教师的同等待遇；在户籍迁移、住房、子女就学等方面享受与当地同级同类公办学校教师同等的人才引进政策；民办学校依法依规保障教师工资、福利待遇，按照有关规定为教师办理社会保险和住房公积金，鼓励为教师办理补充保险；支持地方政府采取设立民办学校教师养老保险专项补贴等措施，探索建立民办学校教师年金制度，提高民办学校教师的退休待遇；建立健全民办学校教师人事代理服务制度，保障教师在公办学校和民办学校之间合理流动，鼓励高校毕业生、专业技术人员到民办学校任教任职。

2016 年 11 月 7 日，十二届全国人大常委会第二十四次会议审议并通过了关于修改《中华人民共和国民办教育促进法》的决定，规定民办学校举办者可以自主选择设立非营利性或者营利性民办学校，鼓励民办学校按照国家规定为教职工办理补充养老保险，同时要求民办学校收取的费用应当主要用于教育教学活动、改善办学条件和保障教职工待遇。伴随民办教育新法新政的实施，民办教育迎来以分类管理为特征的新时代。

2017 年 1 月，《国务院关于鼓励社会力量兴办教育促进民办教育健康发展的若干意见》发布，要求保障民办学校师生权益，完善学校、个人、政府合理分担的民办学校教职工社会保障机制。民办学校应依法为教职工足额缴纳社会保险费和住房公积金。鼓励民办学校按规定为教职工建立补充养老保险，改善教职工退休后的待遇。落实跨统筹地区社会保险关系转移接续政策，完善民办学校教师户籍迁移等方面的服务政策，探索建立民办学校教师人事代理制度和交流制度，促进教师合理流动。民办学校教师在资格认定、职务评聘、培养培训、评优表彰等方面与公办学校教师享有同等权利。非营利性民办学校教师享受与当地公办学校教师同等的人才引进政策。同时，要求加强民办学校教师队伍建设，加大教师培训力度，不断提高教师的业务能力和水平。

2018 年 1 月 20 日发布的《中共中央 国务院关于全面深化新时代教师队伍建设改革的意见》是新中国成立以来出台的第一个专门面向教师队伍建设的里程碑式政策文件，它专门就"维护民办学校教师权益"提出要求:"完善学校、个人、政府合理分担的民办学校教师社会保障机制,民办学校应与教师依法签订合同,按时足额支付工资,保障其福利待遇和其他合法权益,并为教师足额缴纳社会保险费和住房公积金。依法保障和落实民办学校教师在业务培训、职务聘任、教龄和工龄计算、表彰奖励、科研立项等方面享有与公办学校教师同等权利。"

尽管上述法律法规做出了较具体的规定,但在实践探索中,民办学校教师权益问题涉及教育、民政、人事和社保等诸多部门,牵扯利益众多,使得这些法规长期得不到全面落实。因此,实现民办高校教师权益是落实这些法律法规的重要环节。总之,在高等教育跨入以质量提升为核心的内涵式发展阶段的大形势下,教师权益实现对民办高校教师队伍建设和民办高校办学质量提升有重要影响。民办高校教师权益实现研究已经成为民办高等教育改革和发展的重要议题。

那么,民办高校教师权益有哪些要素?这些权益实现的现状如何?民办高校教师权益没有得到落实的主要障碍有哪些?当前,在全面深化教育领域综合改革的背景下,如何全面实现民办高校教师权益,提高民办教育治理能力?可供选择的政策路径有哪些?如何落实这些政策?这些问题都是推进民办高等教育深化改革亟须解决的理论问题和现实问题,也是本研究努力探讨的问题。

第二节　民办高校教师权益研究分析

一　教师权益基础研究及关键问题

（一）民办高校教师权益的基础研究

已有研究通常将"权利"和"权益"混淆使用,将"民办高校教师权利"等同"民办高校教师权益"。同时，有些研究将民办高校教师权益的概念界定和构成要素的分析作为描述工具，较少涉及专门的概念界定。已有研究均认同民办高校教师权益应包括公民基本权益和教师职业权益。几种代表性观点如下。

有研究者认为，民办高校教师的权益不仅仅指教师从事这项职业所应享有的基本权益，同时还包括他们作为民办高校教师应享有的特定权益（如申诉权益、参与学校政策制定权益等）。[①] 另有研究分析认为，"民办高校教师的权益既包括公民基本权利（平等权、政治权、宗教信仰自由权、人身自由权、社会经济权、文化教育权、申诉控告权等），也包括教师职业权利（教育教学权、科学研究与学术活动权、获得劳动报酬和享受福利待遇权、参与民主管理权、参加进修和培训权等）"，同时还应该享有"民办高校"这一概念所赋予的特定权利，比如参加工会和签订集体合同的权利、被侵权时获得救济的权利、教育惩戒权、学校剩余索取权等。[②] 类似的观点还有："民办高校教师在拥有公民权利、教师权利的同时，还享有符合其自身雇员身份的特殊权利。"[③] 还有研究者根据我国《教师法》、《高等教育法》和《民办教育促进法》的规定认为："民办高校教师权益应包括教育教学权益、科研学术自由权益、指导评价权益、获取工资报酬权益、福利权益、参与学校民主管理权益、参加进修培训权益、改善工作条件和生活条件权益、职称晋升权益、申诉权益等。"[④]

[①]　陈伊生：《民办高校教师权益保障问题初探》，《吉林省教育学院学报》（中旬）2012 年第 10 期，第 139 页。

[②]　宋宏福：《民办高校教师权益保障问题探析》，《当代教育论坛》（综合研究）2010 年第 12 期，第 65 页。

[③]　左延彬：《论民办高校教师的权利保障》，硕士学位论文，河北师范大学马克思主义学院，2011，第 3 页。

[④]　李华秀：《民办高校教师权益保障研究》，硕士学位论文，湖南大学法学院，2009，第 2 页。

（二）民办高校教师权益问题研究

有关法律法规明确规定，要依法落实民办学校教师与公办学校教师平等的法律地位，保障民办学校教师的合法权益。然而，民办高校教师的身份地位、待遇保障、职称评聘和民主管理等方面的合法权益实现，仍存在诸多问题。相关研究如下。

1. 教师身份地位的研究

身份地位问题严重阻碍民办高校教师合法权益实现和队伍建设。现有研究，大多集中在相关法律法规对民办高校教师身份地位的规定的文本分析以及引发的问题的分析，鲜有研究涉及提高民办高校教师身份地位的方法和途径。民办高校和教师关系方面，有研究者认为："民办高校与教师之间的法律关系是一种特殊的契约关系，教师有劳动雇员和教师职业的双重身份。"[1] 在民办学校教师编制方面，有研究者认为："民办学校教师不具有'事业单位编制'身份，导致其生活补贴、医疗保险、退休养老等方面的待遇，明显不如公办学校教师。许多地区的民办学校在教师资格认定、人事档案管理、专业技术职务评定等方面实行按'户籍'区别对待，民办学校（尤其在大中城市）教师无'编制'，难以取得当地户籍，从而无法正常申请教师资格认定、人事档案管理、专业技术职务评定等。"[2] 还有研究者认为："当前民办高校注册登记为'民办非企业法人'，不能享有'与公办高校同等'的法律地位。因此，民办高校教师不能纳入事业单位编制管理。选择在民办高校工作的毕业生，绝大多数是以此为过渡

① 展晓丽：《我国民办高校教师权利受损问题研究》，硕士学位论文，苏州大学教育学院，2008，第 12 页。
② 吴开华、张铁明：《民办学校教师权益现状的调查与思考——以广东中山市为例》，《中小学管理》2009 年第 11 期，第 39 页。

平台，伺机再次在事业单位、外企等寻求适合的职位。"①

2. 教师待遇保障的研究

已有涉及民办高校教师福利待遇的研究，主要集中在薪酬激励方面。如何适应市场竞争需要，建立健全科学的民办高校教师薪酬激励机制，有效吸引和激励更多的人才充实民办高校教师的队伍，已经成为民办高校实现可持续发展的关键问题。其中，福利系统是教职工工资报酬的重要组成部分，也是吸引人才、留住人才的重要手段之一。② 但是，民办高校的收入主要依赖学生学费，学费既要用于支付教师工资，还要用于更新硬件设施、改善办学条件，这就使本已有限的经费更加紧张，即使学校管理者有为教师增加福利待遇的意愿，迫于紧张的经费，也显得心有余而力不足。与此相反，公办高校的运营经费主要依靠国家财政拨款，教师薪酬待遇、基础设施建设更有保障。总之，与公办高校教师相比，民办高校教师的待遇相差甚远。因此，有研究者认为，"民办高校现行的教师薪酬制度多沿用公办高校传统薪酬体系，应探索一种新型的薪酬设计方法，即宽带薪酬"，并论述了宽带薪酬在民办高校教师薪酬设计中的适用性。③ 另有研究者分别以民办高校教师激励要素、激励机制、薪酬制度体系为主题，通过对几所民办高校的教师及管理者进行调查和访谈，系统分析了民办高校师资结构及民办高校教师需求，从政府、学校及教师自身三个层面探讨了目前民办高校教师激励机制存在的问题及原因。还有研究者通过对三所民办高校的个案研究指出，案例学校教师薪酬制度

① 许书烟、施少芳、吴春来：《福建省民办高校师资队伍建设研究》，《长春理工大学学报》2011年第7期，第13页。

② 刘华：《国内外民办（私立）院校师资队伍建设经验借鉴》，《民办教育研究》2007年第6期，第75页。

③ 梁昊、赵亮：《宽带薪酬在民办高校教师薪酬设计中的适用性分析》，《今日财富》（金融发展与监管）2011年第12期，第162页。

的制定考虑教师学历、职称等因素；薪酬制度缺乏外部竞争性，激励力度不够；新入职教师薪酬低，返聘教师薪酬高；社会保险是教师待遇保障的组成部分，也是影响案例学校教师队伍建设的重要因素。[①]

3. 教师职称评聘的研究

当前，民办高校教师队伍存在"三少"现象及年龄"两极化"的趋势：年富力强、经验丰富的中坚力量少，专业带头人少，高职称、高学历的教师少；退休返聘的老教师多，青年教师多。公办高校退休教师和新引进的青年教师，是民办高校教师队伍的主体。针对民办高校教师职称评聘过程中存在的诸多问题，有研究者建议："完善民办高校教师职称评审制度，应将公办、民办高校教师的职称评聘工作统一管理，适当倾斜，使民办高校教师职称评聘正常化、规范化。比如，可根据民办高校的办学规模，确定教师职称结构和比例，并保证其相应的评审指标。优先支持有技艺和贡献特别突出、教育教学业绩特别优秀的专业教师，同时，授予部分优质民办高校教师中级职称评审权等。"[②]

基于民办高校教师队伍的发展现状，有分析认为，与公办高校教师相比，民办高校教师职称评聘渠道不畅，主要受自身条件、户籍制度、人事管理制度和学术水平认定体系等因素的阻碍。另外，受限的专业发展空间和较差的科研工作氛围也影响教师职称晋升。当前，民办高校教师专业发展仅靠民办高校一己之力，政府对民办高校教师的进修培训、科研立项、评优评奖、访学交流等方面资助较少。有研究通过对上海 19 所民办高校教师调查发现："民办高校教师承担科研

---

① 刘翠兰：《民办高校教师薪酬制度与薪酬激励研究》，山东大学出版社，2011，第 2 页。

② 段海军、连灵：《民办高校教师队伍建设的困境与破解》，《内蒙古师范大学学报》（教育科学版）2010 年第 5 期，第 49 页。

项目少、发表论文少、参加学术活动少、进修培训机会少，这些因素都影响了民办高校教师教学和科研水平的提高，从而影响职称评聘。"[1]

4. 民主管理的研究

我国民办高校内部领导体制主要形式有董事会领导下的校长负责制、主办单位指导下的校长负责制、校长主持下的校务委员会制、以教职工代表大会为基础的校长负责制等，其中，董事会领导下的校长负责制较为普遍。

简单梳理一下民办高校内部领导体制的发展历史。1993 年 8 月，国家教育委员会颁布的《民办高等学校设置暂行规定》确认："实行董事会制度的民办高校，须报董事会章程和董事长、董事名单及资格证明文件，民办高校享有设置内部管理机构的办学职权。"1997 年 7 月颁布的《社会力量办学条例》第 21 条规定了教育机构（包括民办高校）的内部领导体制和产生标准；第 22 条规定了校长或主要行政负责人的选任过程。此时，校董会领导下的校长负责制初见雏形。1999 年 1 月 1 日施行的《中华人民共和国高等教育法》第 39 条规定，"社会力量举办的高等学校的内部管理体制按照国家有关社会力量办学的规定确定"，进一步明确了民办高校完善内部领导体制的依据。2002 年，民办高校内部领导体制在正式法律文本中出现，如 12 月 28 日第九届全国人大常委会第三十一次会议通过的《中华人民共和国民办教育促进法》第 19 条规定，"民办学校应当设立学校理事会、董事会或者其他形式的决策机构"，第 22 条规定"民办学校的法定代表人由理事长、董事长或者校长担任"。2008 年教育部发布的《独立学

---

[1] 徐雄伟、高耀明：《民办高校学术职业现状的调查分析》，《高等教育研究》2013 年第 1 期，第 67 页。

院设置与管理办法》中规定了独立学院的内部领导体制，第 25 条规定："独立学院设立理事会或者董事会，作为独立学院的决策机构。" 2010 年，《国家中长期教育改革和发展规划纲要 (2010—2020 年)》提出，"完善民办学校法人治理结构。民办学校依法设立理事会或董事会，保障校长依法行使职权"。至此，理事会领导下的校长负责制成为民办高校内部领导体制的改革方向。

虽然有相关法规的规定，但有研究者认为民办高校内部管理和领导体制仍存在问题，主要有：一是决策机构和执行机构形同虚设或不健全，缺乏民主监督机制；二是实行谁举办谁负责的家族化领导，"家长制"工作作风普遍，校长不能切实获得实权，教师未能真正参与民主管理。有研究者分析了 2009 年世界高等教育大会报告文本后认为，"营利性私立高校多采取企业运行模式，权力主要集中在董事会或少数管理者手中，教师的管理参与度和影响力很小，学校把学生看成消费者"。[①] 据此可以认为，学校性质可能是影响教师参与民主管理程度的因素。

（三）民办高校教师权益保障措施的研究

针对如何实现民办高校教师合法权益的问题，有研究认为，"当前制约民办高校建立健全教师保障机制的障碍，主要表现为'经济人'的理念障碍、法人属性的制度障碍、经费不足的资金障碍、体系不健全的维权障碍和动力不足的队伍障碍"。[②] 另外，还存在"相关法律法规不健全；民办高校工会等校内维权机构缺失或虚设；现行

---

① 阎凤桥：《私立高等教育的全球扩张及其相关政策——对 2009 年世界高等教育大会报告文本的分析》，《教育研究》2010 年第 11 期，第 97 页。

② 董明华：《建立民办高校教师社会保障制度的障碍分析》，《四川职业技术学院学报》2006 年第 1 期，第 80~81 页。

的内部领导管理体制缺乏有效的权力制衡机制；民办高校教师自身的权利保障意识淡薄"① 等问题。

有研究者认为，目前我国民办高校教师权利的理论探讨、实践和政策落实都相对滞后，与民办高校教师权利保护相关的教育立法、执法和司法实践也均存在诸多问题，应从思想上认识到民办高校教师权利保障的重要性，从国家宏观角度加强制度保障、发挥组织作用，同时增强教师自我保障意识。② 还有研究者就民办高校教师合法权益的保障机制不健全的现状建议，应"构建完善的法律保障体制、有力的教育行政管理体制、统一的教师社会保障机制"。③ 类似的研究观点认为，政府和社会有责任建立健全民办高校教师权益保障体系，完善教师权益保障的法律法规，畅通教师权益的法律救济渠道，探索适合民办高校教师职业特点的社会保险制度；构建民办高校教师权益保障的组织体系，健全民办高校教师权益保障的教育行政管理机制。④ 另有研究者从法律救济途径来谈高校教师的权益保障，建议完善教育法律法规，改进教师行政救济制度，加强教师权益的程序法保护；将司法救济作为教师权益法律救济的主渠道；确立教师仲裁制度。⑤ 还有研究认为，建立健全法律保障、组织保障、社会保障和自我保障的权利保障机制，可以较好地推进民办高校教师权益实现。（见图 1-5）

① 岳鲁锋：《民办高校教师权利保障研究》，硕士学位论文，扬州大学教育科学学院，2008，第 29 页。
② 左延彬：《论民办高校教师的权利保障》，硕士学位论文，河北师范大学马克思主义学院，2011，第 32~38 页。
③ 尹晓敏、陈新民：《构建民办学校教师合法权益的保障机制》，《辽宁教育研究》2006 年第 7 期，第 79 页。
④ 宋宏福：《民办高校教师权益保障问题探析》，《当代教育论坛》（综合研究）2010 年第 12 期，第 66 页。
⑤ 梁明伟：《完善教师权益法律救济制度的若干思考》，《继续教育研究》2005 年第 6 期，第 140 页。

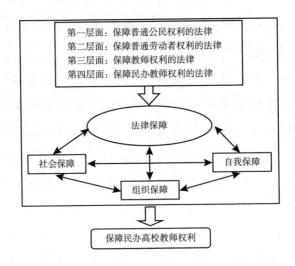

第一层面：保障普通公民权利的法律
第二层面：保障普通劳动者权利的法律
第三层面：保障教师权利的法律
第四层面：保障民办教师权利的法律

法律保障

社会保障　　　　　　　　　　　自我保障

组织保障

保障民办高校教师权利

图 1-5　民办高校教师权利保障机制的构成框架*

*陈敏：《民办高校教师权利保障机制研究》，硕士学位论文，江西师范大学高等教育研究中心，2008，第 35 页。

二　教师权益研究的比较与借鉴

（一）美国私立高校教师权益研究

私立高校在美国高等教育体系中占据重要地位。美国私立高校明确的法律地位也为其教师的身份地位、薪酬福利、职称评聘、专业发展、权利救济等权益提供了保障。美国私立高等教育，一般是由非政府机构、非公有制经济组织或能独立承担民事责任的法人，通过自筹资金或接受社会捐赠等形式举办。私立高校类型呈多样化特点，按学校特征分为研究院大学、社区学院、文理学院；按营利与否分为营利性和非营利性两类；按学制的长短分为四年制大学和两年制大学。[1]

1. 法律地位和身份

美国私立高校的法律地位和物质基础为教师权益实现提供了切实

---

[1]　肖玉梅：《高等教育行政管理》，中国人民大学出版社，2006，第 67 页。

保障。1791 年颁布的《权力法案》为美国私立高校健康、快速成长提供了法律依据，教育领域的有关判例进一步确立了私立高校的法律地位，法治精神在教育领域显示了自己的威力。美国对私立高校的财政资助为保障教师权益提供了一定的物质基础。比如，1958 年的《国防教育法》规定非营利的私立学校可以向政府申请贷款；1965 年的《高等教育法》则首次明确规定了联邦政府为公立和私立高等学校提供长期资助；1972 年的《高等教育法》修正案首次规定联邦政府应不带任何附加条件资助所有公立和私立高等院校。

美国私立大学教师享有与公立大学教师相同的身份和地位。美国私立高校教师身份地位方面，相应法律法规为保障教师权益提供了必要的法律依据。无论是公立大学还是私立大学，其教师都按照劳动法规定，与学校签署聘任协议，体现雇员的身份，在教师权益保障方面视同其他领域从业者。教师权益的法律基础主要有 1935 年出台的《国家劳动关系法》、1947 年的《劳资关系法》以及各州的相关法令等。其中，《国家劳动关系法》赋予雇员组织工会、进行集体行动的权利，也使各州、各学校的教师工会成为政府批准的合法组织。以美国久负盛名的公立研究型大学之一——加利福尼亚大学伯克利分校和世界知名的私立研究型大学——哈佛大学为例，对比两所大学教师手册对教师身份和地位的界定，就能发现二者并无明显差异。情况与之类似的国家还有澳大利亚。澳大利亚全国私立大学认证评估权威机构明确表示，"私立大学的教师和学生与公立大学的教师和学生享有同样的法律地位"，① 教师的合法权益受到《雇佣法》的保护。

---

① Teaching staff and students of a private university have the same legal status as the teaching staff and students of state-funded Austrian universities as far as laws relating to foreigners and the Foreigners' Employment Act are concerned. http：//www. crossroads. eu/quality - assurance - and - accreditation/austria—oar - 25，最后访问日期：2014 年 4 月 20 日。

公立和私立大学教师身份和地位的平等性还体现在全国性、区域性教师组织对公、私立大学教师无差别地开放，如美国大学教授协会（The Association of American University Professors）无歧视地对待所有大学教师、学术专家和研究生，帮助他们塑造学术职业，捍卫学术自由，保障他们的权益。在教师工会组建方面，美国公立大学教师工会由各州政府举办，除教师成员外，还会吸纳一些社会人士，而私立大学教师工会则依据各校情况自行建立。如哈佛大学教师工会（Harvard Teachers Association）主要负责教师权责、专业发展、社交、健康和安全、谈判与协调以及病假记录等事务。

2. 福利待遇

在教师福利待遇制度设计方面，美国充分发挥了市场经济在待遇分配方面的指导作用，依据人才市场的供求关系和行情决定教师待遇水平。早期美国大学教师待遇制度设计主要以经济学理论为基础，其主要理论依据是市场供给需求理论。经济学理论认为，"教师待遇制度就是生产与分配关系的安排，经济学家对此看法不一，其中最为典型的是最低生存工资论和新古典劳动市场论"。[1] 随着工会组织尤其是全美教育协会（National Education Association）和美国教师联盟（American Federation of Teachers）不断发展壮大，福利待遇的协商机制应运而生，社会公平理论逐渐成为美国高校教师福利待遇制度设计的另一理论依据。

有研究认为，美国公立、私立大学的教师福利待遇构成并无多少不同。私立大学教师的待遇多参照公立大学的标准办理，除了保证教师的基本工资外，还有各种各样的津贴和奖金，以及丰厚的社会福利待遇。美国私立大学教师福利包括了教师学术和生活的各方面，各学

---

[1] 裴雅勤：《美国大学教师待遇及其决定》，《内蒙古科技与经济》2008 年第 8 期，第 321 页。

校根据自身的财政能力，以教师利益为出发点，制定不同的福利政策。完善的福利制度吸引了大批杰出专家学者投入私立高等教育事业中去，同时，这在一定程度上也保证了教师学术上的可持续发展。斯坦福大学《教师手册》第五章规定，"斯坦福大学教师的待遇主要包括薪金和其他福利两部分，由学校权益办公室（Benefits Office）负责相关事宜。教师福利待遇的基本构成包括：校长办公室批准的基本薪资、额外的补偿政策（如非标准的教学活动、副校长批准的非标准项目、兼职项目、行政工作补贴等）以及其他福利（医疗保障、住房、搬迁津贴、差旅费用、退休金，等等）"。① 但也有研究指出，传统上的福利待遇，一般指劳动法所规定的劳动保障和社会保障，而公立、私立学校教师的待遇差别主要体现在非传统意义层面，如在绩效工资、各种补贴（compensation）以及其他收入来源方面的差别。另有研究者对公立、私立学校的绩效工资进行考察后发现，私立学校广泛使用绩效工资，且数额较大。② 一些学者和政策制定者认为，这些非传统意义层面的待遇差距会造成优质教师在公立和私立教育系统间的分配不均。在此基础上，有研究者从公立、私立高等教育劳动力市场差异的角度，对1999~2000年《教职工调查》（*Schools and Staffing Survey*）和2000年人口普查（the 2000 Census）的数据进行模型建构，发现公立、私立学校都为教师提供工作条件补偿，但补贴额度存在差异。其中，面向贫困家庭学生的公立、私立学校教师补贴差距尤其突出。③

在福利待遇的重要意义方面，较多的研究认为，福利待遇是影响

---

① 斯坦福大学《教师手册》第五章薪水，福利和退休。http://facultyhandbook. stanford. edu/ch5. html，最后访问日期：2014 年 4 月 21 日。

② Dale Ballou, "Pay for Performance in Public and Private Schools," *Economics of Education Review*, No. 1（2001）: 51 – 61.

③ Dan Goldhaber, Katharine Destler & Daniel Player, "Teacher Labor Markets and the Perils of Using Hedonics to Estimate Compensating Differentials in the Public Sector," *Economics of Education Review*, No. 1（2010）: 1 – 17.

教师工作满意度的重要因素之一。有研究对公立、私立学校教师工资结构进行对比，发现私立学校教师的基本工资比公立学校教师低10%～40%。其中，教区私立学校的教师工资最低，营利性私立学校的教师工资次之。另外，公立、私立教育系统的教师工资存在结构差异（structural differences），私立学校的组织结构和所有权结构对教师工资的影响较大。[①] 对公立、私立学校教师的工作满意度的研究发现，公立、私立学校教师的工作满意度存在显著差异。教师选择进入公立学校或者私立学校与影响他们进入教育行业的激励因素有关，也与学校工作条件、教师地位认同以及工资结构有关。[②] 但是，也有研究者对公立、私立学校教师的工作满意度调查得出相反的结论，即公立、私立学校教师的满意度不存在差异。[③]

综上分析，20世纪80年代以来，很多研究从公立、私立教育系统差异的角度，对私立学校教师福利待遇给予了关注，实证研究多集中于基础教育和学前教育领域，而涉及公、私立高等教育领域的教师福利待遇的研究较少。原因可能是私立基础教育是美国教育改革的重要阵地，它旨在增进教育公平和效率，满足教育市场的多元化需求，向学生和家长提供更多的选择机会。而美国私立高等教育历史悠久且较为发达，在高等教育体系中占据主导地位，其教师的权益保障自有一套成熟的体系。在现实层面，公立、私立大学因经费来源（政府拨款、社会捐助等）的不同，教师福利待遇也存在差异，因此很难一概而论。

① Jay G. Chambers, "Patterns of Compensation of Public and Private School Teachers," *Institute for Research on Educational Finance and Governance*, No. 4 (1985): 291 – 310.

② Elena C. Papanastasiou & Michalinos Zembylas, "Job Satisfaction Variance among Public and Private Kindergarten School Teachers in Cyprus," *International Journal of Educational Research*, No. 3 (2005): 147 – 167.

③ Shafqat Naeem Akhtar, Muhammad Amir Hashmi & Syed Imtiaz Hussain Naqvi, "A Comparative Study of Job Satisfaction in Public and Private School Teachers at Secondary Level," *Innovation and Creativity in Education*, No 2 (2010): 4222 – 4228.

3. 职称评聘

关于教师职称评聘，波士顿地区最大的私立大学——波士顿大学大学理事会（the University Council）规定，教师聘任的门槛是有一定数量的学术成果或有卓越的专业知识和成就，学术职称分为讲师（instructor）、助理教授（assistant professor）、副教授（associate professor）和教授（professor）。其中，讲师头衔具体分为讲师（lecturer）、高级讲师（senior lecturer）和资深讲师（master lecturer）；教授类职称头衔可加上"名誉"（emeritus）、"临床"（clinical）、"兼职"（adjunct）或"访问"（visiting）等词，从而细分为不同的职称类别。① 有统计数据表明，2007 年美国高校中约有21.3% 的教师是终身教职，有 9.9% 的教师正处于申请终身职称轨道，有 18.5% 的教师是全职但非终身制的教师，还有 50.3% 的兼职教师。兼职教师的比例自 1975 年（当时占教师总体的30.2%）以来一直在增加。② 美国非终身教职教师和终身教职教师的主要区别是：终身教职教师同时承担教学、研究、服务三项大学基本任务，是大学的学术力量核心；而非终身教职教师只从事教学，基本不从事研究与服务工作。大多数非终身教职的教师是兼职教师。美国高校普遍规定，一个教师的工作量如果超过全额工作量的 75%，就是全职教师，不足 75% 者即为兼职教师。全职教师和兼职教师的主要区别是：全职教师有工作保障，享有学校基本福利，只参加教学管理工作，不参加其他管理工作；兼职教师没有工作保障，不享有学校福利，也不参加任何管理工作；另外，兼职教师的薪水通常是按每门课程并仅限于课堂时间来结算。有报告显示，兼职教师在付出辛勤汗水的同时，得到的却是与其教育背景及专业训练极不相称的薪酬

---

① 波士顿大学学术头衔和分类。http://www.bu.edu/handbook/appointments - and - promotions/classification - of - ranks - and - titles/，最后访问日期：2014 年 4 月 20 日。

② U. S. Department of Education, *IPEDS Fall Staff Survey*, 2009. Compiled by AAUP.

待遇及福利保障。①

　　美国私立大学对教师资格有明确规定，所有教师的聘任都有严格的程序。② 教师职业发展及管理由各学校自行组织和管理，主要包括教师聘用、续聘、晋升和解聘四个环节。教师受聘后，将接受定期或不定期的常规考核或晋升考核，以确保教学与科研质量。如果没有合情合法的理由，大学不得解聘教师。并且，每位教师的聘任都以教师与学校签订纸质协议的形式进行，协议内容包括教师的职位、职称、头衔、聘任期限、入职薪酬以及其他适当的条件。该协议将交由教师和所在院系保管，一式两份。除终身教职的教师外，其他教师均要经历续聘程序。大学教务长根据学院院长的建议和推荐，决定是否续聘该教师。续聘程序需建立在"教师绩效评价"结果的基础之上。③ 斯坦福大学最高管理机构大学理事会（the Board of Trustees）下属的学术委员会（The Academic Council）是斯坦福大学管理教师的主要机构，《学术委员会组织条款》（*the Articles of Organization of the Academic Council*）是教师职称评聘的主要参考条例之一。该校的职称设定与波士顿大学有显著不同，终身教职系统只分为三大类别：助理教授、副教授和教授，适用一套类似的聘任细则。另外，兼职职位和行政职位适用另一套细则。而对留职停薪、育儿假、新生儿父母假、学术休假等情况也有详细的说明。④

　　有研究者对公、私立学校教师聘用进行研究，发现在控制了社区

---

① 吴慧平：《美国大学兼职教师生存状况堪忧》，《中国教育报》2013 年 12 月 20 日，第 8 版。

② 杨柳：《国外私立高校教师权利保障的经验做法和启示》，《成功》（教育版）2011 年第 24 期，第 22 页。

③ 波士顿大学教师聘任与续聘。http://www.bu.edu/handbook/appointments - and - promotions/appointment - and - reappointment - of - faculty - on - the - charles - river - campus/，最后访问日期：2014 年 4 月 20 日。

④ 斯坦福大学《教师手册》第二章教师聘用、续聘与晋升。http://facultyhandbook.stanford.edu/ch2.html，最后访问日期：2014 年 4 月 20 日。

特征、教育水平等因素后，私立学校在留住新教师、发展教师教学技能方面更加成功。其原因在于："私立大学教师工资结构比较灵活，对于新教师指导（mentor）得更加有效，学校在解聘不称职教师方面拥有更多的自主性。""要提高公立教育系统的教育质量，必须学习私立教育系统，落实问责制度，合理利用解聘、绩效工资等问责工具。"① 实际上，无论是私立大学还是公立大学，解聘教师（Faculty Dismissal）并非无章可循、任意为之。解聘教师的行为在很大程度上受到美国高等教育协会（American Association for Higher Education，AAHE）和美国大学教授协会（The Association of American University Professors，AAUP）的制约。20 世纪 60 年代，美国高等教育协会的三个全国性报告使得美国 20 多个州通过立法修改或取消终身教授制度。美国高等教育协会通过《关于教师解聘程序标准的声明》，提出大学解聘教师的原则。后来教师解聘得以程序化，需要经过 8 个阶段，即初步法律程序（Preliminary Proceedings Concerning the Fitness of a Faculty Member）、正式提起诉讼（Commencement of Formal Proceedings）、教师停职（Suspension of the Faculty Member）、听证委员会（Hearing Committee）、委员会诉讼（Committee Proceeding）、听证委员会审议（Consideration by Hearing Committee）、管理机构审议（Consideration by Governing Body）和结果公布（Publicity）。

4. 专业发展和权利救济

大学教师的专业发展主要包括与学术职业成长密切相关的环节，如授课能力、师生互动、多媒体技术运用、研究课题开展、研究方法更新、工作压力缓解、工作生活与非工作生活的平衡等。美国大学奖学金组织总结了私立大学的优势和劣势，认为私立大学的教师对学校

---

① Dale Ballou & Michael Podgursky, "Teacher Recruitment and Retention in Public and Private Schools," *Journal of Policy Analysis and Management*, No. 3 (1998): 393–417.

的忠诚感更强，对学生学业成就的关注更多。但是，私立大学需要与公立大学一样，为教师提供专业发展档案袋，将教师个人学术成绩做系统的档案记录。[1] 同时，美国私立大学学费比公立大学高得多，其课堂规模比公立大学小，老师跟学生的接触和交流更多。这对教师的教学能力、沟通能力、课程内容更新程度提出了挑战。[2] 教学发展作为教师专业发展的重要内容，一直是私立大学高水平教学的保障。基本上，每个大学乃至学院层面都设有教学发展办公室。比如，哈佛大学1975年成立的德里克·博克教学与学习中心（The Derek Bok Center for Teaching and Learning，DBCTL），主要面向教职员工、协助教学工作的研究生及本科生指导教师，提供多样化的培训项目与课程，重点是帮助教师提高教学水平和科研能力，以促进教学的发展。[3] 耶鲁大学教务长办公室（Office of the Provost）下设的教师发展办公室（Office of Faculty Development），为全校教师提供职业发展和实践性专业发展的工作坊。[4] 这些活动或课程主题广泛，涉及教学策略、有效协作、陈述与访谈、领导力、团队建设等内容。可以说，教师专业发展使私立大学的教学与发展实现了良性循环，以至于"大多数州立大学教师想要转去私立高等教育机构，使州立大学陷入教师短缺的窘境。私立大学也经常被指责'从公立大学偷走宝贵的教师资源'"。[5]

---

[1] 私立学院的优势和劣势。http：//www.scholarships.com//resources/college - prep/choosing - the - right - school/the - pros - and - cons - of - private - colleges/，最后访问日期：2014 年 4 月 25 日。

[2] 美国大学理事会："公立大学 VS. 私立大学。" http：//www.peterson.com/college - search/public - university - vs - private.aspx，最后访问日期：2014 年 4 月 25 日。

[3] 哈佛大学博克教学与学习中心。http：//bookcenter.harvard.edu/icb/icb.do，最后访问日期：2014 年 4 月 25 日。

[4] 耶鲁大学教师发展办公室。http：//provost.yale.edu/faculty - development，最后访问日期：2014 年 4 月 20 日。

[5] Kiziltepe & Zeynep，"Motivation and Demotivation of University Teachers," *Teachers and Teaching：Theory and Practice*，No. 5 - 6（2008）：232.

在权利救济方面，美国教师的团体维权意识较强，通常利用行会组织以合法策略或合理手段来为成员谋求应有的薪资及福利。教师可以依据《国家劳动关系法》和《劳资关系法》等劳动法的内容，组织工会与学校订立团体协约。美国教师工会或协会组织是教师权利维护的有力保障，具有利益团体、专业团体和工会团体的多种性质，他们可以通过报纸、期刊来阐述其理念或相关立场；通过咨询、协调、会谈的方式为政府的决策建言；在政治上支持特定民意代表、国会议员，或者由组织推派代表参与选举。[①] 除此之外，美国的高校大多设有政策和法律咨询办公室，可为教师权益实现提供法律援助，使教师合法权益得到有效实现。

（二）日本私立高校教师权益研究

日本私立高等教育完善的任职资格制度、严格的编制和公开招聘制度、完备的人事评价制度和职务考核与晋升制度、灵活的教师流动机制和教师群体的权利救济机制，以及教师较高的社会地位和优厚的工资待遇，为我国民办高校教师权益保障提供了借鉴。

1. 法律身份

日本的公立和私立大学的教师的身份地位和法国、加拿大等国有所不同，公立大学教师被视为公务员或公职人员，私立大学教师被视为雇员，分属两套法律法规体系。"日本高校有国立高校、公立高校和私立高校之分，其教师身份也有国家公务员、地方公务员和私立学校教师（学校法人）之别。"[②] 日本制定了一系列的法令政策，"规范私立高等教育的发展和激励教师队伍的建设，这些不同层面的法律法

---

① 杨柳：《国外私立高校教师权利保障的经验做法和启示》，《成功》（教育版）2011 年第 24 期，第 22 页。

② 陈永明：《日本大学教师聘任制的特征及其启示》，《集美大学学报（教育科学版）》2006 年第 2 期，第 27 页。

规相互配套，保证了各项法律措施自上至下地有效实施"。① 关于国立、公立大学教师的法律地位，《教育公务员特例法》有相关规定；而私立大学教师按照《雇佣劳动法》和《劳动基准法》的规定，同时受《教育基本法》的规范。② 《教育基本法》第六条规定，法律规定的学校教师是全体国民的服务者，自觉担负应有的使命，必须努力完成其职责。因此，教师的身份受到尊重，并享有适当的待遇。③ 另外，资格认证方面的《教育职员许可证法》和《教师资格认定考试规程》，人事管理方面的《教育公务员特例法》，福利待遇方面的《关于普通职员工资的法律》、《关于国立公立义务教育诸学校教职员工资等的特别措施法》和《私立学校教职员互助工会法》等提供了法律依据。值得注意的是，高校教师在学术教育方面享有对教科书的使用权、教学内容的编制权、辅助教材的选定权、教育评价权、惩罚权和生活指导权等。

2. 教师聘任

在日本，不论是国立高校、公立高校还是私立高校，教授会都是"审议重要事项"，比如教师的聘任，的必设机构。私立高校教师聘任通常还需要理事会的审议，从而有效保障了教师的学术自由和其他各项权益。④ 日本的终身雇佣制为私立高校教师权益实现提供了保障。但有研究者认为，促进教师间流动是高校教师保持活力的重要举措之一。近年来，为改变高等教育领域聘任制度过于保守的问题，加强大学之间以及大学与社会之间的人员流动性，日本已有 20% 以上

---

① 华灵燕：《美日私立高校教师权益保障的经验与做法》，《中国教师报》2011 年 3 月 16 日，第 13 版。

② 陈鹏、祁占勇：《教育法学的理论与实践》，中国社会科学出版社，2006，第 301 页。

③ 杨柳：《国外私立高校教师权利保障的经验做法和启示》，《成功》（教育版）2011 年第 24 期，第 22 页。

④ 陈永明：《日本大学教师聘任制的特征及其启示》，《集美大学学报（教育科学版）》2006 年第 2 期，第 28 页。

的大学实施教师任期制度，许多私立高校也积极响应，如早稻田大学规定所有助教的任期原则上为 3 年，最长不能超过 5 年。[①] 实际上，私立高校对实施教师任期制有一种危机感，认为此举会加快优秀教师的流动，使优秀的教师不愿意来私立大学。同时，该措施也促使了兼职教师的出现。

日本高校的专职教师，同时可以到其他大学担任兼职教师。政府对在专门领域具有特别丰富的知识及教育经验的研究者，认可其大学教师资格，这为社会工作者被聘用为大学教师打开了大门。在该政策的支持下，各私立大学为提高教育质量，越来越多地开设附属讲座，招聘民间优秀的研究者。当前，私立高校聘任兼职教师情况比较普遍，私立高校聘任一个兼职教师，需要支付的工资仅是其专职教师的 1/3，有些私立高校院校的兼职教师数量已经是其专职教师数量的 2 倍。

3. 权利救济

日本私立高校与教师之间是劳动雇佣的关系，学校在其权限内可聘用或解雇教师。但《教育基本法》严格限制以"教育活动不当"为由解雇教师。教师在任用期内享有教育自由权以及公民应享有的其他权利，校方如有侵害教师权利的行为，教师可以通过法律诉讼程序向法院提起申诉。另外，"'私立学校教职员工共济会'可促使私立学校教职员工互相帮助，开展私立学校教职员工的福利事业"。[②]

三 小结

随着民办高等教育迅速发展、民办高校教师群体力量的日益壮大

---

① 杜晓华：《日本政府对私立高校教师激励政策之研究》，硕士学位论文，四川师范大学成人教育学院，2008，第 20 页。
② 杨柳：《国外私立高校教师权利保障的经验做法和启示》，《成功》（教育版）2011 年第 24 期，第 22 页。

和权益受损现象的普遍存在，民办高校教师权益研究已引起了学者的广泛关注。国内研究主要集中在教师身份地位、福利待遇、职称评聘和专业发展等方面，也涉及了民办高校权益现状调查、阻碍因素分析和改进举措建议；但相对于美国、日本等国家来说，我国相关研究理论基础较弱，研究缺乏分析框架，系统性研究不够。总之，明确的法律地位界定、较高的福利待遇保障、严格的聘任制度、完善的救济制度和系统的维权组织，为私立高校教师权益实现提供了较好保证。值得注意的是，国内普遍认为民办高校有教师流动性大、兼职教师多和政府扶持少的劣势，但美国、日本等国家认为，这些劣势同时也是私立高等教育保持永续发展的优势，并充分利用这种优势取得了成功，这些共性特征值得深入分析。已有的相关成果为本研究提供了启示，笔者正是在比对这些研究的视角和方法、参考相关观点和主张的基础上，努力展开深入探析的。

第二章
民办高校教师权益实现的理论研究

第一节　核心概念

一　民办高校

关于"民办高校"的界定有诸多观点。有研究者认为，我国民办高等教育机构主要有五种形态：不具备颁发国家承认的学历文凭资格的高等教育机构、高等教育学历文凭考试试点学校、具有颁发学历文凭资格的民办普通高校、中外合作办学的高等教育机构和非学历教育培训机构，以及依托公办大学举办的独立学院。[①]

1993 年，国家教育委员会发布《民办高等学校设置暂行规定》，明确界定"民办高等学校，指除国家机关和国有企业事业组织以外的各种社会组织以及公民个人，自筹资金，依照本规定设立的实施高等学历教育的教育机构"，主要有民办本科高等学校和民办专科高等学校两种。2002 年 12 月 28 日通过的《民办教育促进法》将"民办

[①]　卢彩晨、邬大光：《中国民办高等教育回顾与前瞻》，《教育发展研究》2007 年第 6 期，第 1 页。

学校"明确界定为"国家机构以外的社会组织或者个人，利用非国家财政性经费，面向社会举办的学校及其他教育机构"。

但民办高等教育发展实践证明，简单地用"非国家财政性经费"的标准来界定民办高校越来越失之偏颇。为体现民办高等教育公益性，落实公共财政扶持政策，保障民办高校教师合法权益，国际上许多国家对私立高校有一定的经费补助，甚至有的补助额度很高。此外，利用政府委托的教育职能，发挥自身的优势，争取包括公共财政在内的各种经费支持，已成为民办高校核心竞争力的重要内容。随着政府财政经费的增加和公共财政扶持民办教育政策的落实，民办高校取得的政府财政性经费在逐渐增加，因此，仅仅以经费来源作为界定民办高校的标准，失之偏颇；或者说民办高校中不能有政府财政性经费的观点，已经不足以反映民办高校的根本特征。

综合上述观点，依据相关法律法规，本研究将"民办高等学校"（简称"民办高校"）的概念界定为：国家机构以外的社会组织或个人，主要利用非国家财政性经费，面向社会举办，并得到教育行政部门批准的具有颁发学历文凭资格的高中后学历教育机构。这一界定也阐释了民办高校的以下特征。第一，民办高校的经费主要来自社会资本。民办高校办学经费来源多样化，但主要经费来源于社会。除学生的学杂费外，也不排除来自政府财政的资助。随着公共财政体系的完善和相关政策的落实，民办高校中来自政府的财政性经费比例将会逐渐提高。第二，民办高校办学层次为高中后学历教育。目前，民办高校还包括普通高等学校与国家机构以外的社会组织或者个人合作，利用非国家财政性经费举办的实施本科学历教育的独立学院。但考虑到现有文件对独立学院的管理要求，以及独立学院的过渡性和特殊性，为突出研究重点，本书将研究范围限定在独立设置的、具有颁发学历文凭的民办普通高校，不包括独立学院，也不包括民办高等教育非学历教育的各类培训机构。

二　民办高校教师

教师是经过专门教育或训练，接受政府或社会委托在各级各类学校和其他教育机构中从事教育教学工作的专业人员。由于我国民办高等教育发展的特殊性，民办高校专任教师队伍主要由兼职教师和自有教师组成，兼职教师多为同级同类公办高校在职教师或退休教师。本研究中的"民办高校教师"，指与民办高校有正式聘任关系的、专职从事教育教学和科学研究工作的自有教师，不包括外聘兼职教师及从事学校行政管理工作和后勤服务工作的人员。

三　权益

关于"权益"的界定主要有三种。第一种观点认为，权益就是权利。权益是应该享受的不容侵犯的权利。[①] 有学者认为，将我国《行政诉讼法》中的"合法权益"理解为权利与利益两个方面是不符合逻辑的。因为如果被侵犯的利益是《行政诉讼法》所保护的利益，那么它就是权利；如果被侵犯的利益不在《行政诉讼法》所保护的范围内，那么这种利益也就被排除在《行政诉讼法》规定的合法权益范围之外了，"合法权益"的内涵应为权利。[②] 第二种观点认为，权益不能等同于权利。权益不仅包括自然人、法人依法享有的各种权利以及行使权利时所要保有、追求、获得、免于责任等利益，还包括现存的、将来的各种不容侵犯的利益。但权利和利益处于深刻的统一之中，"权利是利益的有效调整机制，利益是隐藏在权利背后的根本物质内容。权利和利益相结合，使权益获得形式和内容、主观和客观

---

① 中国社会科学院语言研究所词典编辑室：《现代汉语词典》（第7版），商务印书馆，2016，第1082页。

② 张旭勇：《"法律上利害关系"新表述》，《华东政法学院学报》2001年第6期，第43页。

的统一，权利是权益的法律表现形式，利益是权益的客观物质内容"。① 因而我们在研究权益时，只能通过对其权利的行使来探究其利益的实现状况。研究权利的行使与实现，是研究权益的重要表现形式。权利和利益的不同结合，使权益具有合法权益和非法权益、一般权益和特殊权益等不同的表现形式。第三种观点认为，权益就是权利和利益的简称。有研究认为："权益就是法律确认的并受法律保护的公民、法人和其他组织所享有的权利和相应可获性现存利益和将来利益形而上的概括。"② 还有研究者认为，"权益"包括权利和利益，前者是法定的利益，后者是法律没有规定的单纯的事实性利益。一旦行政行为触及了事实性利益，该利益即进入法律利益即"权利"的范畴。本书从民办高校教师权益概念的内容要素出发，认为民办高校教师权益既可以包括教师的法定权利，又可以包括个人利益诉求。

四 民办高校教师权益

根据上述关于民办高校教师权益的基础研究，本研究中的民办高校教师权益，指民办高校教师在教育教学活动中依法享有的法定权利和利益诉求，是国家对民办高校教师能够做出或不能做出一定行为，以及要求他人相应做出或不能做出一定行为的许可与保障。

本研究中的民办高校教师权益主要包括教师身份地位、待遇保障、职称评聘和参与学校民主管理等要素。其中，民办高校教师身份地位是教师权益实现的前提，它指享有与公办高校教师同等身份和地

---

① 张建邦、白岩：《论教师权益的法律保护》，《高等师范教育研究》2000 年第 5 期，第 34 页。
② 张建邦、白岩：《论教师权益的法律保护》，《高等师范教育研究》2000 年第 5 期，第 34 页。

位的权益，涉及政府、学校与教师的实质关系。待遇保障是民办高校教师权益实现的物质基础，主要包括获得工资报酬、享有足额办理社会保险（包括医疗保险、养老保险、生育保险、失业保险、工伤保险）、子女就学、住房保障等权益。职称评聘是民办高校教师权益实现的非物质诱因，包括教师职称评审、教龄工龄计算、职务晋升、课题申请、表彰奖励、培训进修等权益。民主管理，指教师通过教师代表大会、教师工会等组织形式参与学校发展规划、教育教学改革、教职工队伍建设、财务预决算以及事关学校发展的重大问题讨论、决策并进行监督管理的权益。

第二节　民办高校教师权益实现理论分析及应用

一　组织平衡理论

（一）理论概述

组织平衡理论是社会系统学派中重要理论之一，由社会系统学派的创始人切斯特·巴纳德（Chester Barnard）提出。巴纳德把组织界定为一个有意识地对人的活动或力量进行协调的系统。[①] 企业、大学和政府等都是日常生活中见到的组织现象。巴纳德对具体组织现象加以归纳，忽略这些组织现象中各种具体因素的差别，提出了一种抽象型的组织。巴纳德认为组织普遍具备三个要素：共同的目标、协作的意愿和信息的沟通。[②]

共同的目标是组织建立和存在的必要前提。每个组织成员都有不同的欲望和目标，并且必然要为实现其个人目标而采取某种行为。但

---

① 巴纳德：《经理人的职能》，孙耀君译，中国社会科学出版社，1997，第59页。
② 巴纳德：《经理人的职能》，孙耀君译，中国社会科学出版社，1997，第66页。

是，组织成员也要基于组织的共同目标而行事。没有共同目标，组织
成员协作的意愿就无法实现，他们就不知道应该为组织贡献何种努
力，同时也不知道自己能从协作劳动中得到哪些满足。巴纳德认为，
每个组织成员都具有"个人人格"和"组织人格"。另外，组织成员
对组织共同目标的接受和理解程度将影响组织发展。组织成员之所以
愿意为组织目标做出贡献，并不是因为组织目标就是组织成员的个人
目标，而是因为他们意识到实现组织目标有助于实现个人目标。① 因
此，巴纳德认为，组织的共同目标必须为成员所理解和接受，即组织
或管理人员必须使其成员了解需要他们做出哪些贡献，并能从中得到
哪些回报。只有这样，才能让成员有协作的意愿，实现组织目标和个
人目标的双赢局面。

协作的意愿是组织程序不可缺少的环节。组织是由个人组成的，
组织成员愿意提供符合协作条件的劳动和服务对组织至关重要。没有
协作意愿，个体就不可能对组织有持续的付出和努力，更不可能组织
协调不同的组织成员的个人行为。不同组织成员协作意愿的强度，取
决于自己提供的协作贡献和组织因自己的协作贡献而提供的"诱因"
之间的比较。因此，组织为提高成员协作意愿的强度，应为组织成员
提供必要的物质条件和精神鼓励，改变他们的协作参与动机，促进组
织目标的实现。

信息的沟通是达成共同目标和实现协作意愿的渠道。组织目标和
不同成员的协作意愿，只有通过信息沟通才能真正建立；没有信息沟
通，不同成员对组织目标就没有共同的认识和普遍的接受，组织就无
法了解成员的协作意愿。同时，当组织运行后，信息沟通将促使组织
成员的协作意愿不偏离组织目标，继续发挥信息传达和沟通作用，使
组织成员的协作活动步调一致，组织目标得以顺利实现。因此，信息

---

① 郭咸纲：《西方管理思想史》（第四版），世界图书出版公司，2010，第219页。

沟通作为组织存续的重要条件，必须要有畅通的渠道、正式的结构、便捷的路线和必要的权威性。

可以看出，巴纳德所理解的组织是一种开放式的系统，组织中的所有成员都是寻求取得平衡（即达到稳定状态）的协作系统，他们调整内部和外部的各种力量，不断地使整个系统保持平衡。[①] 组织平衡理论主要包括组织内部平衡理论、外部平衡理论和组织动态平衡理论。

组织内部平衡是组织得以维持和发展的前提条件之一，指组织整体与成员个体之间的平衡，也是组织诱因与个体贡献的平衡。达到平衡的条件是组织提供给组织成员的可用于满足个人需求、影响个人动机的诱因，必须等于或大于个人对组织的贡献，即诱因≥贡献。因此，组织诱因的配置对组织效率（即组织在实现其目标的过程中满足其成员为达到个人目的而提出的要求的能力和满足程度）有重要影响。任何一个组织，如果不能实现其成员的个人目的，人们就会认为这个组织是没有效率的，此时的组织就不可能使其成员具有协作意愿并做出为实现组织目标所必需的贡献，组织成员也就会不支持或退出该组织，从而使组织的目标无法实现，组织便会分崩离析。可见，组织效率就是组织的生存能力，组织要实现其目标，必须提供足够大的诱因来实现组织成员个体目标。这里的诱因既包括经济诱因，也包括非经济诱因。经济诱因，指依据对组织的贡献而提供给组织成员的货币、物品等物质报酬。非经济诱因，指超越物质报酬并促使组织成员协作努力完成工作任务的诱因，主要有职务晋升、荣誉授予、威信建立、权力赋予等形式；还有理想的达成与满足[②]、人与人之间的协调、舒适的工作条件和环境、参与机会的获

---

① 郭咸纲：《西方管理思想史》（第四版），世界图书出版公司，2010，第216页。
② 巴纳德称之为"理想的恩惠"，即工作的自豪感、胜任感、对组织的忠诚等，是一种为理想而献身时所获得的满足感。

得、心理交流的氛围等。巴纳德认为，与经济诱因相比，非经济诱因对激发组织成员动力、维持组织内部平衡的作用更为重要，因为即使是货币报酬，如果没有其他非经济诱因的辅助，也只不过是软弱的诱因。

巴纳德认为，从宽泛的社会大环境上理解，任何组织都是社会的一个组成要素，组织要想得到长期协调发展，除了有效维持组织内部各要素的平衡以外，还必须同与组织密切相关的外部因素（政治、经济、社会环境等）之间保持平衡，以提高组织效力（即组织实现其目标的能力或程度）。达成这种关系即组织的外部平衡。实现组织与外部环境的平衡，主要取决于组织目标与外部环境状况的适应性和目标实现程度。巴纳德认为，为了适应外部环境的变化，必须不断地改变组织的战略目标，组织如果失去对外平衡的状态，组织效力就会下降。为了维持组织与外部环境之间的平衡，必须使组织适应外部环境的变化，重视目的和战略的决策。

组织的动态平衡理论认为，组织内外部所有相关因素都处在不断变化中，且组织平衡不是一蹴而就的。一方面，当组织内外部环境发生变化时，原有平衡状态即被打破，这就需要根据已经变化的情况建立新的平衡；另一方面，组织自身也潜存各种打破组织平衡的力量，例如组织内部存在的矛盾和冲突。同时，组织的变革和发展也可能打破原有的平衡。因此，组织的生存和发展，就是不断打破原有平衡状态，建立新平衡的过程。实现组织动态平衡，关键是要处理好稳定和变革的矛盾，要用全面的、发展的、变化的观点看待和处理组织发展中的问题。

（二）对民办高校教师权益实现的启示

巴纳德的组织平衡学说是以组织和组织成员的区别和联系为基础，运用社会心理学和系统分析的方法，把组织目标和个人需求连接起来，把某类组织置于社会这一更大整体中，阐明了管理中的组织过程和决策行动,对"沟通""动机""目标"和"决策"等问题进行了开创性的专题研究。民办高校是我国高等教育事业的重要主体,也是社会组织的重要组成部分。满足教师个人目标,实现教师合法权益是民办高校组织效力和生存能力的重要体现。组织平衡理论对实现民办高校教师权益、提高民办高校的办学质量有较好的借鉴意义。

第一,民办高校内部平衡是学校得以维持和发展的前提条件。学校内部平衡主要体现在学校整体与管理者、教职工和学生等成员之间的平衡,也是学校诱因与成员贡献的平衡,其中以满足教师个人目标实现的要求最为关键。当前,提供物质诱因是民办高校实现教师个人目标、保障教师合法权益的主要方式,比如提供合理的福利待遇、薪酬保障和绩效奖金等;但非物质诱因没有引起足够的重视,比如教师的职称评定、进修培训、参与管理等权益没有全面实现。如何制定并使用合理的诱因方式,促使民办高校的目标和其教师个人权益达到平衡状态,既较好地满足教师的个人目标实现的要求,保障其合法权益,又保证民办高校的健康发展,是本研究的重要内容。

第二,民办高校是社会的一个组成要素,民办高校的健康发展和办学水平持续的提高,除了需要有效维持民办高校内部平衡以外,还必须与政策环境、经济形势和社会要求相适应。有效实现民办高校教师权益是深化教育领域综合改革、鼓励引导社会力量兴办教育的政策要求,也是充分发挥市场经济对民办教育资源配置作用的必然要求。保障和实现教师合法权益也是民办高校维持外部平衡的重要环节。因此,准确分析实现民办高校教师权益的外部影响因素,综合考量教师权益实现机制和推进方式也是本研究的内容之一。

第三,组织平衡理论把决策作为主要研究对象,对制定并落实民办高校教师权益的决策有重要参考价值。民办高校教师权益实现研究必须基于民办高校、外部影响因素和民办高校教师自身动态的环境框架设计,用发展的眼光和系统分析的视角来解决问题。

二 利益相关者理论

(一)理论概述

1963年,斯坦福研究所(Stanford Research Institute)首次提出"利益相关者"(stakeholder)的概念,将其定义为"那些如果没有他们的支持,组织就无法存在的团体"。[①] 后来,有研究者将利益相关者定义为在组织的"程序性活动或实体性活动中享有合法性利益的自然人或者社会团体",[②] 主要包括股东、雇员、顾客、供应商、债权人和社团等。我国学者认为,利益相关者有三种界定:最宽泛的一种界定是"凡是能够影响企业活动或被企业活动所影响的人或团体都是利益相关者";稍窄些的界定是"凡是与企业有直接关系的人或团体就是利益相关者";第三类定义最窄,即认为"只有在企业中下了'赌注'的人或团体才是利益相关者"。[③] 利益相关者理论的代表性观点如下。

第一,企业的最终目标是利益相关者的利益。企业是利益相关者之间的一系列多边契约,利益相关者是契约的主体,向企业提供了特殊资源,理应享有平等谈判的权利,这样才能确保契约多方主体的利益受到保护。因此,企业除了追求经济利润,还应该对利益相关者履行各种社会责任,在实现共同目标的同时应满足利益相关者的不同利益诉求。

第二,强调利益相关者的共同参与和满足利益相关者利益诉求。传统的企业管理思想视企业为资本所有者利益最大化的工具,股东是企业的所有者。但利益相关者理论认为,企业不应仅仅追求股东的利

---

① 爱德华·弗里曼:《战略管理:利益相关者方法》,王彦华等译,上海译文出版社,2006,第37页。

② Freeman R. Edward, "Stockholders and Stakeholders: A New Perspective on Corporate Governance," *Califonia Management Review*, No. 3 (1983): 25.

③ 杨瑞龙、周业安:《企业的利益相关者理论及其应用》,经济科学出版社,2000,第129页。

益，而应追求各利益相关者的整体利益，因为企业的发展离不开他们的共同参与和治理，他们一定程度上分担了企业的经营风险，为企业的经营活动付出了成本。企业的生存和发展依赖于企业对各利益相关者利益要求的满足能力。

第三，员工和企业之间是建立在契约基础上的劳动和雇佣关系，还有一定的法律关系和道德关系。企业与员工之间还有相互尊重、信任的关系，企业对员工的发展和完善负有一定的责任。作为对劳动付出的回报，企业应为员工提供安全稳定的工作、公平的薪酬福利、适合的工作环境、平等的升迁机会和教育培训机会等。同时，利益相关者理论认为，雇员也是投资者，应该参与到组织决策中去，甚至可以成为战略决策的积极参与者。[①]

利益相关者理论在企业战略和公司治理等领域中得到了广泛应用，经历了"利益相关者影响""利益相关者参与"和"利益相关者共同治理"三个发展阶段，也得到了经济学、管理学、政治学、社会学和法学等众多学科的关注、借鉴和运用，并在理论研究和实证研究方面取得了很大进展，社会影响也迅速扩大。

高等教育领域的利益相关者研究方面，美国哈佛大学文理学院前院长罗索夫斯基（Henry Rosovsky）按照与大学关系密切程度，把大学利益相关者分为四个层次：最重要群体（包括教师、学校行政管理者和学生）、重要群体（如董事、校友和捐赠者）、部分拥有者[②]和次要群体（如社会公众、当地社区、媒体等大学利益相关者中最边缘的部分）。[③] 国内也有研究者根据利益相关者与大学的密切程度，把大学的

---

① 爱德华·弗里曼等：《利益相关者理论现状与展望》，盛亚等译，知识产权出版社，2013，第21页。

② "部分拥有者"指他们只是在特定条件下，才成为大学的利益相关者，如提供经费资助的政府、向学生和大学提供贷款的银行家等。

③ 胡赤弟：《教育产权与现代大学制度构建》，广东高等教育出版社，2008，第160~161页。

利益相关者分为核心利益相关者、重要利益相关者、间接利益相关者和边缘利益相关者四个层次。[①] 借鉴罗索夫斯基关于大学的利益相关者的分析，有研究者结合我国大学的实际情况，提出三类利益相关者："教师、学生、学校行政人员、出资者、政府等是大学的权威利益相关者，因为他们才是正式决定学校主要政策的人，因而非常关心学校的声誉；校友、捐赠者则是潜在的利益相关者；市民、媒体、企业界、银行等是第三层利益相关者。"[②]

米切尔（Mitchell）根据合法性（legitimacy）、影响力（power）和紧迫性（urgency）三种属性，对可能的利益相关者进行评分，然后根据分值的高低确定某一群体是不是企业的利益相关者，或是哪一类型的利益相关者。[③] 在我国，有研究者根据米切尔的分类方法，将大学的利益相关者分为三个层次："一是确定型的利益相关者（definitive stakeholders），他们同时具有合法性、影响力和紧迫性，如政府部门、教师、科研人员和学生等；二是预期型的利益相关者（expectant stakeholders），他们同大学保持密切联系，拥有上述属性中的两项；三是潜在的利益相关者（latent stakeholders），即只拥有合法性、影响力和紧迫性属性其中之一的群体。"[④]

综上，不同研究者在借鉴利益相关者理论的基础上，对高校利益相关者作了一般性描述和个性化的分类。

（二）对民办高校教师权益实现的启示

当前，由于多方面的原因，教师权益没有全面实现是我国民办高等教育改革和发展过程中遇到的普遍性问题，利益相关者视角有利于

① 李福华：《利益相关者理论与大学管理体制创新》，《教育研究》2007年第7期，第36页。
② 胡赤弟：《高等教育中的利益相关者分析》，《教育研究》2005年第3期，第42页。
③ 陈宏辉、贾生华：《企业利益相关者三维分类的实证研究》，《经济研究》2004年第4期，第81页。
④ 胡子祥：《高校利益相关者治理模式初探》，《西南交通大学学报》2007年第1期，第16~17页。

建立起最广泛的利益相关者网络，聚集相关资源，破解民办高等教育改革难题。利益相关者理论能够为本研究提供一个有效的分析框架，通过利益相关者的框架和视角，我们可以重新设计民办高校利益相关者网络和教师权益实现机制。

第一，民办高校利益相关者的界定，即谁是民办高校的利益相关者，这些利益相关者在促使民办高校教师权益实现的过程中扮演哪些角色，应该承担哪些责任？毋庸置疑，政府部门、举办者（出资人）、学校管理者、社区、教师和学生等都是民办高校的利益相关者，因此必须十分关注这些利益相关者的期望和诉求。尽管各利益相关者之间的利益或期望可能存在部分的冲突，但如果存在重新定义民办高校教师权益的可能性，我们就可以更加关注于教师权益实现的诉求结合点，而非冲突。可将民办高校与利益相关者关系作为基本分析单位，将研究重点置于多方互动的结构与过程中，而非仅仅关注民办高校教师一方的权益，力求民办高校教师权益实现过程中多方利益者视角的结合。

第二，现代民办高校不是出资人或股东的个人资产，也不是教师自己的组织和"董事会能够随意摆布的私人机构"，而是众多利益相关者共同拥有的组织。利益相关者不仅仅是影响学校决策和管理过程的外部环境，更是学校管理和决策的积极参与者。因此，从利益相关者视角看，民办高校的社会责任就是大学对全部利益相关者所承担的责任，表现为向政府和社会保证教育质量，为教师提供待遇保障和专业发展机会等。实现教师合法权益是民办高校举办者（出资人）的社会责任，也是政府和社区等利益相关者的社会责任。我们可以从利益相关者视角出发，引导政府、举办者（出资人）、社区和民办高校管理者创造性地思考教师权益实现问题。

第三，建立政府、举办者（出资人）、学校管理者和教师等利益相关者的合作伙伴关系至关重要，这可为教师参与民办高校治理，满足教师权益诉求提供理论基础。民办高校教师权益实现本身面临着巨大的挑战，不仅需要政府相关部门和民办高校的积极参与，而且需要举办者（出资人）、媒体舆论、社区和全社会从共同利益出发，以相互尊重和相互信任为基础，建立广泛的合作伙伴关系，这种合作伙伴关系可以为民办高校教师权益实现提供有力帮助。

三 委托代理理论

（一）理论概述

委托代理理论（Principal – Agent Theory）是制度经济学契约理论的主要内容之一。现代意义的委托代理理论的概念最早由罗斯（Ross. S）提出，其基本含义是："如果当事人双方，其中代理人一方代表委托人一方的利益行使某些决策权，则代理关系就随之产生了。"委托代理理论发展到现在，主要指一个或多个行为主体根据一种明示或隐含的契约，指定、雇佣另一些行为主体为其服务，同时授予后者一定的决策权力，并根据后者提供的服务数量和质量对其支付相应的报酬。授权者就是委托人，被授权者就是代理人。因此，委托代理关系可以理解为一种契约关系，委托代理理论的核心即是要解决委托人和代理人在利益冲突的情况下，委托人如何建立健全代理人激励机制以实现委托人最大化利益。[①]

委托代理理论认为，委托人和代理人都是"经济人"，各自的行为都是为了实现自身利益的最大化。委托人最关心的是资本利润的最大化，但这个结果往往要取决于代理人的努力程度。然而，代理人愿意付出更多努力，也是为了追求自身合法权益、福利待遇和闲暇时间最大化。如此看来，委托人与代理人之间的利益关注点是不一致的，甚

[①] 孙天华：《大学治理结构中的委托代理问题——当前中国公立大学委托代理关系若干特点分析》，《北京大学教育评论》2004 年第 4 期，第 29 页。

至会相互冲突。对于如何解决这一问题，该理论认为，委托人与代理人之间需要建立某种协调机制（契约）以减少代理问题，降低代理成本，提高代理效率。

委托代理关系的建立必须具备两个条件，"一是委托人支付给代理人的报酬应不低于代理人从事其他工作所获得的报酬，如果低于这一报酬，代理人就有可能不参与委托代理契约；二是在委托人无法评估代理人努力程度的信息不对称情况下，要使契约可以顺利执行，委托人必须充分考虑代理人的利益。同时，代理人的努力程度也应该符合委托人的利益"。①

（二）对民办高校教师权益实现的启示

委托代理关系普遍存在于各种组织之中，组织内部的代理人激励问题必须得到重视。在委托代理关系中，由于信息不对称和双方利益冲突的普遍性，委托人和代理人的道德冲突风险较大，甚至违规违法行为屡见不鲜。因此，委托代理理论不仅具有理论意义，更具有现实意义。

从委托代理理论的观点分析，民办高等教育领域，出资人（或董事会）是民办高校的实际控制人和委托人，以校（院）长为首的管理者是凭借专业管理知识和能力履行学校管理运行职责的代理人，而教师是凭借专业的教学知识和能力履行学校人才培养职责的代理人。此时的委托人也可以理解为民办高校。

除了上述比较清晰的委托代理关系，还出现了政府和民办高校的委托代理关系，这种关系之所以能够形成，在于合作双方都有一定的利益诉求。对于民办高校来说，主要是为了增强自身的合法性；对于政府来说，则是为了增加公共服务供给，弥补办学经费之不足。因此，民办高校承担的人才培养工作一定程度上也可以说是政府在不能充分

---

① 刘有贵、蒋年云：《委托代理理论述评》，《学术界》2006年第1期，第71页。

满足多样化教育需求的情况下，委托民办高校进行的高等教育人才培养工作。

本研究关注政府和民办高校、出资人和学校管理者、民办高校和教师之间的委托代理关系。当前，政府无法对民办高校在人才培养和促进经济社会发展等方面进行全面、准确衡量，更无法对民办高校教师的工作付出进行全面评估。同时，民办高校对教师的教学工作也无法全程监督，这样，民办高校教师的合法权益有可能无法得到政府和民办高校的充分重视。那么，在现有委托代理关系中，民办高校教师权益实现到底是谁的责任？政府、出资人、民办高校该如何在实现各自利益的基础上，设计代理人激励机制并尊重教师的权益诉求？委托代理理论的分析框架将为减少各级政府、民办高校和教师之间委托代理关系的违法违规行为和道德风险，进一步实现民办高校教师权益提供借鉴。

综上所述，本书将组织平衡理论、利益相关者理论和委托代理理论作为民办高校教师权益实现的分析框架，问卷设计和访谈提纲征求政府相关部门管理者、民办高校举办者（出资人）、学校管理者以及教师等利益相关者的观点和意见，政策建议也从多方利益相关者的立场出发。本书力图厘清政府、学校、教师和社会等主体的职责，创新教师激励手段和方式，维持民办高校内外部动态平衡，为构建民办高校教师权益实现的长效机制提供参考意见。

第三章
我国民办高校教师权益实现的实证研究

　　教师是立教之本、兴教之源。当前，实现民办高校教师权益是民办高等教育改革发展的迫切需求，也是提高民办高等教育教学质量和落实相关法律法规的重要环节。本章简述了研究过程和调查问卷编制过程，对民办高校教师身份地位、薪酬待遇、社会保险、职称评聘和参与学校民主管理等权益的实现状况、存在问题和影响因素进行问卷调查，并做出分析。

　　本研究在全面梳理已有研究的基础上，对23个省、自治区、直辖市的120余名受访人进行了集体访谈，提出研究假设。结论总体概括为：民办高校教师权益实现程度较低，主要体现在民办高校教师身份地位、待遇保障、职称评聘和参与学校民主管理等维度；民办高校教师权益实现情况在教师性别、教龄、学历、职务、职称、学校层次和学校位置等特征方面存在显著差异；民办高校教师群体在实现自身合法权益的过程中，作用相对较小，地方政府和举办者（出资人）在实现民办高校教师权益方面应承担更为重要的责任。

　　本研究采用质性研究和定量研究相结合的方法，选取北京、山东、浙江、河南、宁夏5个省、自治区、直辖市7所民办高校的

1027名专任教师作为研究对象，通过调查问卷收集教师权益实现信息，并在一些高校采用扎根现场、深度访谈等方式，为数据结果的解释提供扎实基础。研究重点关注民办高校教师权益实现现状、问题表现、成因分析、政策动向、解决问题的基本思路和途径措施。具体研究问题如下。

第一，民办高校教师权益如何界定，民办高校教师权益的要素包括哪些？第二，民办高校教师权益实现的现状如何，与有关法律法规保障民办学校教师权益的要求相比，存在差距有多大？民办高校教师权益实现的政策落实存在哪些问题？教师权益实现在性别、教龄、学历、职务、职称、学校层次和学校位置等层面上是否存在显著差异？第三，民办高校教师权益未能全面实现的原因有哪些，主要的阻碍因素是什么？这些因素是如何阻碍民办高校教师权益实现的？可规范、可调整、可优化、可健全的政策动向和体制机制有哪些？第四，在组织平衡理论、利益相关者理论和委托代理理论的分析框架中，民办高校教师权益实现的政策框架有哪些？如何协调政府、学校、举办者和教师等相关者的不同利益诉求？如何在实现教师权益的基础上维持民办高校组织内部平衡、外部平衡和动态平衡？如何合理搭建政府、学校和教师之间的委托代理关系？第五，全面实现民办高校教师权益遵循的基本思路是什么，有哪些可供选择的途径措施？

第一节　问卷编制、信效度检验和调查实施

一　抽样与问卷编制

（一）样本抽样

本研究选取东、中、西部若干个省、自治区、直辖市，各省、自治区、直辖市分别选取民办本科院校和民办专科院校若干所（不包

括独立学院），每所民办高校抽取 100~200 名教师（不足 200 名教师的学校按照实际人数选取）。（见图 3-1）

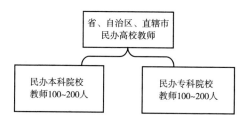

图 3-1　抽样框

（二）问卷编制

本研究工具编制，经过教师访谈、初步编制、专家讨论、修改完善、初步分析等步骤，结合已有民办高校教师权益保障研究和对民办高校管理者、教师的访谈，以及专家建议，初步形成"题目池"。从"题目池"中筛选 22 个题目作为"民办高校教师权益实现现状调查问卷"，涉及民办高校教师身份地位、福利待遇、职称评聘和民主管理 4 个维度。参考因子分析结果，最终形成 5 个维度：教师身份地位、薪酬待遇、社会保险、职称评聘和参与学校民主管理，共计 19 个题目。问卷中人口学特征、权益实现问题认同和建议举措将为本研究收集更多的分析资料。

调查问卷采用利克特式五点计分法（Likert scale - 5），问卷提供若干项有关陈述，要求被试根据自己的真实情况和感受，表示其同意的程度。

二　信效度检验

（一）效度分析

为考察各变量间的相关性，本研究对民办高校教师权益实现现状调查问卷采取取样适当性建议，以 KMO（Kaiser - Meyer - Olkin

Measure of Sampling Adequacy）统计量和巴特利特球形检验（Bartlett's test of sphericity）来判定。KMO 是 Kaiser - Meyer - Olkin 的取样适当性指标，当 KMO 的值愈大时，说明变量之间的共同因素愈多，愈适合进行因素分析。当 KMO 的值大于 0.9 时，则非常适合进行因素分析。数据分析显示，KMO 值为 0.909，非常适合做因素分析。此外，巴特利特球形检验的卡方统计量为 13016.968（自由度为 171），其显著性水平为 0.000，小于 0.001，说明原始变量间有共同因素存在。（见表 3 - 1）

表 3 - 1 KMO 和巴特利特球形检验

取样适当性指数（KMO）		0.909
巴特利特球形检验	卡方检验值	13016.968
	自由度	171
	显著性水平	0.000

本研究采用主成分分析法（Principal Component Analysis，PCA）对所涉及的问卷题目的数据进行分析；采用方差最大化的正交旋转法（Varimax Rotation），进行因素分析，按照项目筛选标准，经过旋转后得到因子负荷矩阵。主成分分析假定原变量是因子变量的线性组合，从众多指标中抽象出几个互不相关的主成分，每一主成分代表一个侧面，少数几个主成分就可包含原来众多指标的大部分信息。其基本原理是通过降维的方式来解释原变量的协方差结构，以达到问卷目的。抽取出的第一个主成分有最大的特征值（方差），其他次成分的特征值越来越小。（见表 3 - 2）

将所有入选的题目进行降维处理，并采用方差最大化方法对因子载荷矩阵进行旋转，从表中可以看出，SPSS 统计分析软件提取了 5 个主成分，其旋转后的方差（特征值）累计贡献率（5 个主成分的贡献率之和）为 74.166%，即这 5 个主成分解释了原变量的 74.166%，对原变量的总体情况描述较好。

表 3 - 2　民办高校教师权益实现现状问卷数据旋转后的因子载荷矩阵

	成分					共同性
	社会保险	职称评聘	参与管理	薪酬待遇	身份地位	
按规定为教师足额缴纳了养老保险	0.910					0.870
按规定为教师足额缴纳了医疗保险	0.891					0.841
按规定为教师足额缴纳了失业保险	0.882					0.830
按规定为教师足额缴纳了生育保险	0.833					0.758
按规定为教师足额缴纳了工伤保险	0.818					0.741
按规定为教师足额缴纳了住房公积金	0.760					0.689
科研立项机会与公办高校差别不大		0.844				0.781
评优评奖机会与公办高校差别不大		0.829				0.791
进修访学培训机会与公办高校差别不大		0.661				0.613
职称评聘与同级同类公办高校差别不大		0.657				0.550
教职工代表大会等制度发挥作用明显			0.813			0.766
充分尊重教师的话语权和参与管理权			0.729			0.749
有健全的教师参与学校管理的机制			0.728			0.710
年度薪酬与同级同类公办高校差别不大				0.742		0.740
福利待遇与同级同类公办高校差别不大				0.738		0.765
为教师建立了补充养老保险和医疗保险				0.589		0.589
为教师提供了其他形式的福利保障				0.588		0.603
与公办高校相比,教师的社会地位不高					0.904	0.857
与公办高校相比,教师的身份编制不清					0.901	0.846
特征值	4.833	2.975	2.280	2.207	1.797	
贡献率(%)	25.435	15.659	12.002	11.615	9.455	

另外，结合探索性因素分析的碎石图（见图 3 - 2），可以看出从第 5 个因素之后，坡度较为平缓，因而保留 4 ~ 5 个主成分较为适宜。

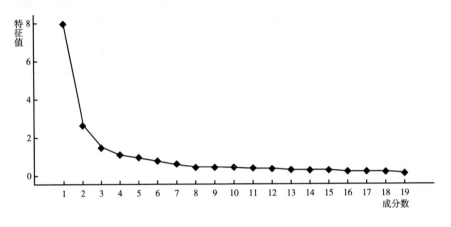

图 3 - 2 碎石图

结合探索性因素分析和前期访谈资料，提取出了 5 个主成分，即民办高校教师身份地位、薪酬待遇、社会保险、职称评聘和参与学校民主管理。

（二）信度分析

信度（reliability）是指测量结果的稳定性程度，是衡量教育与心理测量工具的主要指标之一。一个好的测量工具必须具有良好的信度。本研究主要以内部一致性系数（Cronbach's Alpha 系数）来考察各量表的信度。民办高校教师权益现状调查问卷的内部一致性系数为 0.920，身份地位、薪酬待遇、社会保险、职称评聘和参与学校民主管理的内部一致性系数分别为 0.834、0.943、0.796、0.840 和 0.834。一般情况下，测验或量表的信度系数在 0.7 以上是可以接受的，0.8 以上是较好的，在 0.9 以上是甚好的。本研究各维度内容效度和显著水平均达到统计学要求。（见表 3 - 3）

表 3 - 3　民办高校教师权益现状调查问卷维度和信度

问卷维度	对应题目	内部一致性系数
权益实现现状		0.920
身份地位	b1、b2	0.834
薪酬待遇	c8、c9、c13、c14	0.943
社会保险	c2、c3、c4、c5、c6、c7	0.796
职称评聘	c16、c17、c18、c19	0.840
参与学校民主管理	c20、c21、c22	0.834

最后，本研究在访谈的基础上，结合专家咨询，以及数据统计分析，增删有关题目。问卷编制按照身份地位、薪酬待遇、社会保险、职称评聘和参与学校民主管理 5 个维度进行题目重组，形成本研究的调查工具，共包括 19 个题目。

三　调查实施

（一）样本选择

结合我国东、中、西部区域划分，选取北京、山东、浙江、河南、宁夏 5 个省、自治区、直辖市的 7 所民办高校的专任教师作为研究对象。

问卷测试由学校负责人现场指导，采用团体施测的方式。施测者使用统一的指导语向被试简要说明本研究的主要内容、目的、意义以及必要的保密原则，问卷填写后现场回收，保证了较高的回收率。本研究发放问卷共计 1400 份，回收问卷 1064 份，剔除作答率低于 90% 的不合格问卷，得到有效样本 1027 份，有效率 96.52%。（见表 3 - 4）

表 3 - 4　样本学校分布信息

学校名称	样本量（人）
北京工业大学耿丹学院	113
山东现代职业学院	102
宁夏理工学院	108
银川能源学院	148
浙江越秀外国语学院	164
黄河科技学院	196
郑州澍青医学高等专科学校	196

（二）数据录入和处理

对有效问卷进行编码，采用 SPSS16.0 专业教育统计软件进行数据录入，同时命名变量标签、设置变量类型。采用两人分别录入，最后逐一核对，查核不一致数据的方式进行数据的录入，保证较低的录入错误率。同时，为方便统计分析，题目中调整了部分反向记分的问题。在 SPSS 统计分析软件中设置缺失值，例如将性别、年龄、年级、专业等人口统计学变量的缺失值设置为"未作答"，统计软件将自动视其为缺失值处理；具体问卷中题目的缺失值处理采用 EM 算法[1]进行赋值。

本研究中，民办高校教师权益实现程度通过样本作答值体现。在统计分析中，将问卷中教师的作答结果进行相应赋值，即将"极不赞同""不赞同""中立""赞同"和"极为赞同"分别赋值为 1、2、3、4 和 5，并使用赋值后的平均值来表示教师权益实现程度，均值的大小代表权益实现程度的高低。

---

① EM 算法可以对非完整数据中的参数集中进行"极大似然值"估计，该方案广泛用于缺失数据的推断。

通过 SPSS 中的 Compute 命令依次求出教师权益各维度的均值得分。

$$FP1 = (b1 + b2) /2$$

$$FP2 = (c8 + c9 + c13 + c14) /4$$

$$FP3 = (c2 + c3 + c4 + c5 + c6 + c7) /6$$

$$FP4 = (c16 + c17 + c18 + c19) /4$$

$$FP5 = (c20 + c21 + c22) /3$$

$$FP = FP1 + FP2 + FP3 + FP4 + FP5$$

FP 代表教师权益实现均值，FP1 代表身份地位均值，FP2 代表薪酬待遇均值，FP3 代表社会保险均值，FP4 代表职称评聘均值，FP5 代表学校民主管理均值。

（三）样本信息统计

参与本次调查的民办高校教师性别、年龄、教龄、学历和职称等背景信息见表 3－5。其中，393 名男性教师和 630 名女性教师参与调查。参与调查的教师，年龄多为 40 岁以下，占总体样本的 86.2%。其中，30 岁以下的教师有 429 名，31 岁到 40 岁之间的教师有 453 名，41 岁到 50 岁的教师有 78 名，51 岁到 60 岁的教师有 36 名；60 岁以上的教师有 27 名，占样本总体的 2.6%。教龄 1~5 年的有 518 人，6~10 年的有 349 人，11~20 年的有 96 人，21~30 年的有 20 人，31 年及以上的有 32 人。在现在学校工作 1~5 年的有 595 人，6~10 年的有 356 人，11~15 年的 55 人，15 年以上的有 14 人。专科及以下学历的有 26 人，学士学位的有 376 人，硕士学位的有 587 人，博士学位的有 19 人。正高级职称的有 29 人，副高级职称的有 88 人，中级职称的有 446 人，初级职称的有 411 人。校级领导 2 人，校部中层干部 23 人，院系正职 17 人，院系副职 40 人，教研室职务和辅导员 65 人；无职务的教师 849 人，占到了样本总体的 85.2%。

表3-5 抽样样本信息统计

项目	分组	人数(个)	比例(%)
性别	男	393	38.4
	女	630	61.6
年龄	≤30 岁	429	41.9
	31~40 岁	453	44.3
	41~50 岁	78	7.6
	51~60 岁	36	3.5
	>60 岁	27	2.6
教龄	1~5 年	518	51.0
	6~10 年	349	34.4
	11~20 年	96	9.5
	21~30 年	20	2.0
	31 年以上	32	3.2
在该校的工作年限	1~5 年	595	58.3
	6~10 年	356	34.9
	11~15 年	55	5.4
	15 年以上	14	1.4
最高受教育程度	专科及以下	26	2.6
	学士	376	37.3
	硕士	587	58.2
	博士	19	1.9
职称	正高级	29	3.0
	副高级	88	9.0
	中级	446	45.8
	初级	411	42.2
管理职务	无	849	85.2
	校领导	2	0.2
	校部中层	23	2.3
	院系正职	17	1.7
	院系副职	40	4.0
	教研室职务、辅导员	65	6.5

项目	分组	人数（个）	比例（%）
每月实际收入	3000 元以下	409	40.9
	3001～4000 元	390	39.0
	4001～5000 元	114	11.4
	5001～6000 元	65	6.5
	6000 元以上	22	2.2
本学期承担课程门数	一门	408	42.1
	二门	368	38.0
	三门	141	14.6
	四门	32	3.3
	五门及以上	20	2.1

注：本表不包括缺失数据，因此各项目人数之和不完全相等。

第二节 民办高校教师总体权益实现分析

分析数据发现，有 81.11%（833 人）的教师认为，教师权益实现程度严重影响民办高校可持续发展。我国民办高校教师权益实现程度较低。其中，民办高校教师身份地位权益实现最低，均值为 1.78，其他权益实现程度依次是薪酬待遇（2.52）、职称评聘（2.65）、参与学校民主管理（2.73）和社会保险（3.34）。（见表 3-6）

表 3-6 民办高校教师权益实现均值

	均数	标准差
身份地位	1.78	0.87
薪酬待遇	2.52	0.86
职称评聘	2.65	0.85
参与学校民主管理	2.73	0.90
社会保险	3.34	0.93

表 3-7 按照对民办高校教师权益问题的赞同程度（均值）降序排序。与公办高校相比，民办高校教师普遍认为自身的身份编制不清（4.29），待遇保障不足（4.26），队伍稳定性不够（4.25），社会地位不高（4.15），进修培训机会较少（3.98），管理人文关怀不够（3.93），专业发展受限更大（3.92），评优评奖机会较少（3.91），课题立项申请困难（3.89），组织认同感不强（3.81），职称评定困难（3.66），自我效能感不高（3.62）。（见表 3-7、表 3-8）

表 3-7　民办高校教师权益问题认同均值

	均数	标准差
身份编制不清	4.29	0.90
待遇保障不足	4.26	0.92
队伍稳定性不够	4.25	0.91
社会地位不高	4.15	0.98
进修培训机会较少	3.98	1.03
管理人文关怀不够	3.93	1.06
专业发展受限更大	3.92	0.99
评优评奖机会较少	3.91	1.00
课题立项申请困难	3.89	1.01
组织认同感不强	3.81	1.10
职称评定困难	3.66	1.08
自我效能感不高	3.62	1.11

表 3-8　民办高校教师权益问题认同情况

		极不赞同	不赞同	中立	赞同	极为赞同
社会地位不高	频次（人）	20	72	94	393	448
	百分比（%）	1.95	7.01	9.15	38.27	43.62
身份编制不清	频次（人）	16	44	80	373	514
	百分比（%）	1.56	4.28	7.79	36.32	50.05

续表

		极不赞同	不赞同	中立	赞同	极为赞同
待遇保障不足	频次（人）	13	54	96	355	509
	百分比（%）	1.27	5.26	9.35	34.57	49.56
职称评定困难	频次（人）	15	153	276	302	281
	百分比（%）	1.46	14.90	26.87	29.41	27.36
课题立项申请困难	频次（人）	16	91	213	374	333
	百分比（%）	1.56	8.86	20.74	36.42	32.42
评优评奖机会较少	频次（人）	16	87	206	387	331
	百分比（%）	1.56	8.47	20.06	37.68	32.23
进修培训机会较少	频次（人）	24	77	176	365	385
	百分比（%）	2.34	7.50	17.14	35.54	37.49
队伍稳定性不够	频次（人）	17	39	110	363	498
	百分比（%）	1.66	3.80	10.71	35.35	48.49
组织认同感不强	频次（人）	36	109	189	370	323
	百分比（%）	3.51	10.61	18.40	36.03	31.45
专业发展受限更大	频次（人）	21	67	214	391	334
	百分比（%）	2.04	6.52	20.84	38.07	32.52
管理人文关怀不够	频次（人）	27	79	212	326	383
	百分比（%）	2.63	7.69	20.64	31.74	37.29
自我效能感不高	频次（人）	37	148	238	350	254
	百分比（%）	3.60	14.41	23.17	34.08	24.73

第三节　民办高校教师身份地位权益实现分析

统计数据显示，民办高校教师身份地位权益实现均值仅为 1.78。

与公办高校教师相比，民办高校教师普遍认为其社会地位不高，身份编制不清。其中，高达81.89%（841人）的教师"赞同"或"极为赞同"民办高校教师地位不高，仅有10.71%（110人）的民办高校教师"赞同"或"极为赞同"其身份属于或等同于公办高校教师身份，有86.37%（887人）的教师"赞同"或"极为赞同"民办高校教师身份编制不清。（见表3－9）

表3－9　民办高校教师身份地位认同的频次和百分比

		极不赞同	不赞同	中立	赞同	极为赞同
社会地位不高	频次（人）	20	72	94	393	448
	百分比（%）	1.95	7.01	9.15	38.27	43.62
身份编制不清	频次（人）	16	44	80	373	514
	百分比（%）	1.56	4.28	7.79	36.32	50.05
属于或等同于公办高校教师身份	频次（人）	309	436	172	87	23
	百分比（%）	30.09	42.45	16.75	8.47	2.24

一　人口学特征分析

（一）性别和办学层次

本研究通过独立样本 T 检验得出，民办高校男女教师和本专科教师身份地位均存在显著差异（P = 0.005，P = 0.004）。通过男女教师和本专科教师均值比较得出，男女教师在身份地位方面的权益实现均值分别为1.88和1.72；任教于本科高校的教师和任教于专科高校的教师权益实现均值分别为1.82和1.65。

因此，在身份地位权益实现方面，男教师显著高于女教师，任教于民办本科高校的教师显著高于任教于民办专科高校的教师。（见表3－10）

表 3 - 10　身份地位在性别和办学层次上的差异

		均数	标准差	T	P
性别	男	1.88	1.007	2.838	0.005
	女	1.72	0.760		
办学层次	本科	1.82	0.886	2.862	0.004
	专科	1.65	0.811		

注：P < 0.05，显著；P < 0.01，很显著；P < 0.001，非常显著。

（二）地区因素

样本总体分布在北京、山东、浙江、河南、宁夏 5 个省、自治区、直辖市。通过方差分析得出，不同地区间的民办高校教师身份地位存在显著差异（P = 0.000）。

民办高校教师身份地位方面，浙江教师权益实现均值最高，为 2.29，其他为北京（1.74）、宁夏（1.74）、山东（1.65）、河南（1.65）等地的教师。

通过最小显著性差异法（Least-Significant Difference，以下简称 LSD 事后检验）可以分析不同地区间民办高校教师身份地位的具体差异情况。从 LSD 事后检验的分析结果和均值比较可以得出，在教师身份地位方面，浙江省民办高校教师权益实现的均值显著高于其他各地民办高校，北京、宁夏、山东和河南民办高校之间不存在显著差异。（见附录 1）

（三）年龄因素

根据民办高校教师队伍年龄结构，将样本年龄分成 5 组：30 岁及以下、31～40 岁、41～50 岁、51～60 岁和 60 岁以上。通过方差分析得出，不同年龄组的民办高校教师身份地位存在显著差异（P = 0.000）。

民办高校教师身份地位方面，51～60 岁组（2.46）权益实现均值最高，其他依次为 60 岁以上（2.37）、41～50 岁（2.06）、30 岁及以下（1.80）、31～40 岁（1.63）等年龄的教师。

从 LSD 事后检验的分析结果和均值比较可以得出，在身份地位方面，51～60 岁民办高校教师权益实现均值显著高于 41～50 岁教师，30 岁及以下、31～40 岁民办高校教师权益实现均值显著低于其他各年龄组教师。（见附录 1）

（四）教龄因素

将样本教龄分成 5 组：1～5 年、6～10 年、11～20 年、21～30 年、31 年或以上。通过方差分析得出，不同教龄组的民办高校教师身份地位存在显著差异（P＝0.000）。

民办高校教师身份地位方面，21～30 年教龄的教师权益实现均值（2.20）最高，其他依次为 31 年或以上（2.11）、1～5 年（1.85）、11～20 年（1.84）、6～10 年（1.62）教龄的教师。

从 LSD 事后检验的分析结果和均值比较可以得出，在身份地位方面，有 6～10 年教龄的教师权益实现均值显著低于其他各组教师。（见附录 1）

（五）本校工作年限

根据民办高校教师实际情况，将样本在本校工作年限分成 4 组：1～5 年、6～10 年、11～15 年、15 年以上。通过方差分析得出，不同本校工作年限的民办高校教师身份地位存在显著差异。（P＝0.000）。

民办高校教师身份地位方面，1～5 的工作年限的教师权益实现均值（1.88）最高，其他依次为 15 年以上（1.79）、11～15 年（1.71）和 6～10 年（1.64）的教师。

从 LSD 事后检验的分析结果和均值比较可以得出，在民办高校教师身份地位方面，在本校工作 1～5 年的教师权益实现均值显著高于工作 6～10 年的教师。（见附录 1）

（六）最高受教育程度

将民办高校教师最高受教育程度分成 4 组：专科及以下、学士、硕士和博士。通过方差分析得出，不同教育程度的民办高校教师在身份地位方面不存在显著差异（P = 0.224）。

从均值比较看，民办高校教师社会地位方面，权益实现均值为专科及以下（1.88）、学士（1.77）、硕士（1.77）和博士（1.71）。（见附录 1）

（七）职称级别

将民办高校教师按照职称分为 4 组：正高级职称、副高级职称、中级职称和初级职称。通过方差分析得出，不同职称的民办高校教师在身份地位方面存在显著差异（P = 0.000）。

民办高校教师身份地位方面，副高级职称的教师权益实现均值（2.13）最高，其他依次为正高级（2.07）、初级（1.77）和中级（1.70）职称的教师。

从 LSD 事后检验的分析结果和均值比较可以得出，在民办高校教师身份地位方面，正高级、副高级职称的教师权益实现均值显著高于中级和初级职称的教师。（见附录 1）

（八）授课学时

将民办高校教师每周授课学时（45 分钟每学时）分成 6 组：1 ~ 4 学时、5 ~ 8 学时、9 ~ 12 学时、13 ~ 16 学时、17 ~ 20 学时、21 ~ 24 学时。通过方差分析得出，不同课时量的民办高校教师在身份地位方面不存在显著差异（P = 0.181），但通过 LSD 检验得出，每周授课在 13 ~ 16 学时的教师身份地位权益实现均值显著高于每周授课 17 ~ 20 学时和 1 ~ 4 学时的教师。

在民办高校教师身份地位方面，每周授课在 13 ~ 16 学时的教师权益实现均值最高（1.85），其他依次为授课 9 ~ 12 学时（1.79）、5 ~ 8 学时（1.78）、21 ~ 24 学时（1.73）、17 ~ 20 学时（1.66）、1 ~ 4 学时（1.61）的教师。（见附录 1）

（九）实际月收入

将民办高校教师每月实际收入分为 5 组：3000 元以下、3001 ~ 4000 元、4001 ~ 5000 元、5001 ~ 6000 元、6000 元以上。通过方差分析得出，不同月收入的民办高校教师在身份地位方面存在显著差异（P = 0.013）。

在民办高校教师身份地位方面，月收入为 5001 ~ 6000 元的教师权益实现均值（2.02）最高，其他依次是月收入 6000 元以上（2.00）、3001 ~ 4000 元（1.81）、4001 ~ 5000 元（1.76）、3000 元以下（1.67）的教师。

通过 LSD 检验和均值比较得出，在民办高校教师身份地位方面，月收入 3000 元以下的教师权益实现均值显著低于月收入 5001 ~ 6000 元、3001 ~ 4000 元的教师。（见附录 1）

（十）管理职务

将不同管理职务的高校教师分为 6 组：校领导、校部中层、院系正职、院系副职、教研室职务或辅导员的教师和无职务教师。通过方差分析得出，不同职务的民办高校教师在身份地位方面不存在显著差异（P = 0.403）。

在民办高校教师身份地位方面，教研室职务或辅导员的教师权益实现均值（1.85）最高，其他依次是无职务教师（1.79）、院系正职（1.71）、院系副职（1.58）、校部中层（1.57）、校领导（1.25）。（见附录 1）

二 多元回归分析

以民办高校教师背景信息（性别、年龄、教龄、在本校工作年限、最高受教育程度、职称职务、办学层次等）作为自变量，教师身份地位权益为因变量，进行多元逐步回归分析，入选标准为 0.05，剔除标准为 0.10。回归分析结果得到民办高校教师身份地位和本校工作年限、年龄、月收入、最高受教育程度，共 4 个层面的回归模型。4 个回归方程的 P 值均小于 0.001，在 0.001 水平上存在显著性，在社会学科研究中，可以认为这 4 个模型的拟合效果均较好。回归分析结果显示：第 4 个模型优于其他 3 个模型，可以解释教师身份地位变异的 5%（$R^2 = 0.049$）。

因此，$FP1 = 1.987 - 0.25X_1 + 0.121X_2 + 0.083X_3 - 0.093X_4$

FP1 代表民办高校教师身份地位，X_1 代表本校工作年限，X_2 代表年龄，X_3 代表月收入，X_4 代表最高受教育程度。

从 4 个自变量依次进入回归方程的顺序和各自的标准化偏回归系数看，本校工作年限对民办高校教师身份地位影响最大，其他依次是教师年龄、月收入和最高受教育程度。（见表 3 - 11）

表 3 - 11 民办高校教师身份地位和人口学特征的多元回归分析

		回归系数	标准化偏回归系数	T	P	备注
1	常量	1.987		27.691	0.000	$R^2 = 0.016$
	本校工作年限	-0.164	-0.128	-3.764	0.000	$F = 14.170, p < 0.001$
2	常量	1.817		22.416	0.000	$R^2 = 0.038$
	本校工作年限	-0.232	-0.182	-5.062	0.000	$F = 16.628, p < 0.001$
	年龄	0.153	0.156	4.347	0.000	
3	常量	1.746		20.236	0.000	
	本校工作年限	-0.238	-0.187	-5.199	0.000	$R^2 = 0.044$
	年龄	0.117	0.119	3.035	0.002	$F = 13.025, p < 0.001$
	月收入	0.076	0.088	2.352	0.019	
4	常量	1.987		13.268	0.000	
	本校工作年限	-0.250	-0.196	-5.418	0.000	
	年龄	0.121	0.123	3.137	0.002	$R^2 = 0.049$
	月收入	0.083	0.096	2.554	0.011	$F = 10.774, p < 0.001$
	最高受教育程度	-0.093	-0.067	-1.972	0.049	

三　数据结果

数据显示，超过 80% 的民办高校教师认为其社会地位不高，身份编制不清。民办高校教师身份地位权益实现在性别、办学层次、地区、年龄、教龄、本校工作时间、职称、月收入方面存在显著差异。其中，男教师身份地位权益实现均值显著高于女教师，民办本科高校的教师权益实现均值显著高于任教于民办专科高校的教师，浙江省民办高校权益实现均值显著高于其他各地民办高校，31～40 岁民办高校教师权益实现均值显著低于其他各年龄组教师，有 6～10 年教龄的教师权益实现均值显著低于其他各组教师，在本校工作 1～5 年的教师权益实现均值显著高于工作 6～10 年的教师，高级职称的教师权益实现均值显著高于中级和初级职称的教师，月收入 3000 元以下的教师权益实现均值显著低于月收入 5001～6000 元的教师。

本校工作年限（校龄）对民办高校教师身份地位影响最大，其他依次是教师年龄、月收入和最高受教育程度。

第四节　民办高校教师薪酬待遇权益实现分析

统计数据显示，民办高校教师薪酬待遇权益实现均值仅为 2.52，有 84.13%（864 人）的民办高校教师"赞同"或"极为赞同"待遇保障不足。

从样本总体的数据分析看，约有 80% 的教师每月实际收入在 4000 元以下。其中，每月实际收入在 3000 元以下的教师有 409 人，占样本总体的 39.82%；在 3001～4000 元之间的教师有 390 人，占 37.97%；4001～5000 元之间有 114 人，占 11.10%；5001～6000 元之间有 65 人，占 6.33%；每月实际收入在 6000 元以上的仅有 22 人，占 2.14%；另有 27 人未作答。（见表 3－12）

表 3 - 12　民办高校教师每月实际收入

	频次（人）	百分比（%）
3000 元以下	409	39.82
3001 ~ 4000 元	390	37.97
4001 ~ 5000 元	114	11.10
5001 ~ 6000 元	65	6.33
6000 元以上	22	2.14
缺失	27	2.63
合计	1027	100.00

　　将民办高校教师每月实际收入和其他人群的收入相比较，可以直观地看到工资水平的差距。《2012 年国民经济和社会发展统计公报》显示，2012 年我国国内生产总值（GDP）为 51.93 亿元，人均 GDP 为 38354 元。国家统计局国家数据库显示，2012 年，我国教育城镇单位就业人员平均工资[1]为 47734 元。其中，教育国有单位就业人员平均工资为 47995 元，教育私营单位就业人员平均工资为 26625 元。[2]从数据看，我国教育私营单位就业人员平均工资远低于教育国有单位就业人员。按照每年 12 个月计算，每年实际收入在 48000 元以下的民办高校教师有 799 人，即约占样本总体约 80% 的民办高校教师年度平均工资低于教育国有单位就业人员平均工资（47995 元）。

一　人口学特征分析

（一）性别和办学层次

　　通过独立样本 T 检验得出，民办高校男女教师在薪酬待遇方面存

[1]　平均工资指单位就业人员在一定时期内平均每人所得的货币工资额。它表明一定时期职工工资收入的高低程度，是反映就业人员工资水平的主要指标。
[2]　国家统计局网站 http：//data.stats.gov.cn/workspace/index？ m = hgnd，最后访问日期：2014 年 4 月 15 日。

在显著差异而本专科教师在薪酬待遇方面不存在显著差异（P = 0.024，P = 0.376）。男女教师在薪酬待遇方面的权益均值分别为 2.60 和 2.47，本科教师和专科教师的薪酬待遇方面的权益均值分别为 2.53 和 2.48。因此，在薪酬待遇方面，男教师权益实现均值要显著高于女教师；民办本科高校和专科高校的教师薪酬待遇不存在显著差异。（见表 3 - 13）

表 3 - 13　薪酬待遇在性别和办学层次上的差异

		均数	标准差	T	P
性别	男	2.60	0.892	2.268	0.024
	女	2.47	0.841		
办学层次	本科	2.53	0.843	0.885	0.376
	专科	2.48	0.919		

注：P < 0.05，显著；P < 0.01，很显著；P < 0.001，非常显著。

另外，从性别上看，随着每月实际收入的增加，男女教师的人数和比例均在下降，但是，与男教师相比较，女教师人数和比例下降幅度更大。380 名男性教师中，有 135 人每月实际收入在 3000 元以下，占男性教师总数的比例为 35.53%；161 人收入在 3001 ~ 4000 元，占男性教师总数的 42.37%；36 人在 4001 ~ 5000 元，占男性教师总数的 9.47%；31 人在 5001 ~ 6000 元，占男性教师总数的 8.16%；每月实际收入在 6000 元以上的有 17 人，占男性教师总数的 4.47%。617 名女性教师中，有 273 人每月实际收入在 3000 元以下，占女性教师总数的比例为 44.25%；228 人收入在 3001 ~ 4000 元，占女性教师总数的 36.95%；77 人在 4001 ~ 5000 元，占女性教师总数的 12.48%；34 人在 5001 ~ 6000 元，占女性教师总数的 5.51%；每月实际收入在 6000 元以上的有 5 人，占女性教师总数的 0.81%。（见表 3 - 14）

表 3 – 14　民办高校男女教师实际月收入

	男教师		女教师		合计(人)
	频次(人)	百分比(%)	频次(人)	百分比(%)	
3000 元以下	135	35.53	273	44.25	408
3001 ~ 4000 元	161	42.37	228	36.95	389
4001 ~ 5000 元	36	9.47	77	12.48	113
5001 ~ 6000 元	31	8.16	34	5.51	65
6000 元以上	17	4.47	5	0.81	22
合计	380	100	617	100	997

（二）地区因素

通过方差分析得出，不同地区的民办高校教师薪酬待遇存在显著差异（P = 0.000）。

民办高校教师薪酬待遇方面，北京教师权益实现均值最高，为 2.82，其他为浙江（2.57）、山东（2.56）、宁夏（2.56）、河南（2.37）等地的教师。

通过 LSD 事后检验，分析不同地区间民办高校教师薪酬的具体差异情况。从 LSD 事后检验的分析结果和均值比较可以得出，在教师薪酬待遇方面，北京民办高校教师权益实现均值显著高于其他各地民办高校，河南民办高校显著低于其他各地民办高校。（见附录 2）

（三）年龄因素

通过方差分析得出，不同年龄组的民办高校教师薪酬待遇存在显著差异（P = 0.000）。

民办高校教师薪酬待遇方面，60 岁以上组教师权益实现均值（3.01）最高，其他依次为 51 ~ 60 岁（2.79）、30 岁及以下（2.60）、41 ~ 50 岁（2.59）、31 ~ 40 岁（2.38）年龄组的教师。

从 LSD 事后检验的分析结果和均值比较可以得出，在薪酬待遇方面，31 ~ 40 岁民办高校教师权益实现均值显著低于其他各年龄组教

师，60 岁以上教师显著高于 30 岁以下、41～50 岁教师。（见附录 2）

（四）教龄因素

通过方差分析得出，不同教龄组的民办高校教师薪酬待遇存在显著差异（P＝0.000）。

民办高校教师薪酬待遇方面，有 31 年或以上教龄的教师权益实现均值（2.96）最高，其他依次为 21～30 年（2.68）、1～5 年（2.59）、11～20 年（2.48）、6～10 年（2.36）教龄的教师。

从 LSD 事后检验的分析结果和均值比较可以得出，在民办高校教师薪酬待遇方面，31 年或以上教龄的教师权益实现均值要显著高于 1～20 年教龄以下的教师，1～5 年教龄的教师权益实现均值显著高于 6～10 年教龄的教师。（见附录 2）

（五）本校工作年限

通过方差分析得出，不同本校工作年限的民办高校教师在薪酬待遇方面存在显著差异（P＝0.009）。

民办高校教师薪酬待遇方面，1～5 年本校工作年限的教师权益实现均值（2.59）最高，其他依次为 11～15 年（2.51）、6～10 年（2.40）和 15 年以上（2.27）本校工作年限的教师。

从 LSD 事后检验的分析结果和均值比较可以得出，在民办高校教师薪酬待遇方面，在本校工作 1～5 年的教师权益实现均值显著高于工作 6～10 年的教师。（见附录 2）

（六）最高受教育程度

通过方差分析得出，不同教育程度的民办高校教师在薪酬待遇方面存在显著差异（P＝0.000）。

民办高校薪酬待遇方面，有博士学位和专科及以下学历的教师权益实现均值（3.09）最高，其他依次为有学士（2.57）、硕士（2.43）学位的教师。

从 LSD 事后检验的分析结果和均值比较可以得出，在民办高校教师薪酬待遇方面，有博士学位、专科及以下学历的教师权益实现均值要显著高于学士学位的教师，硕士学位的教师权益实现均值显著低于其他学位（学历）的教师。（见附录2）

（七）职称级别

通过方差分析得出，不同职称的民办高校教师在薪酬待遇方面存在显著差异（$P = 0.002$）。

民办高校教师薪酬待遇方面，正高级职称的教师权益实现均值（2.92）最高，其他依次为副高级（2.70）、初级（2.52）和中级（2.42）职称的教师。

从 LSD 事后检验的分析结果和均值比较可以得出，在民办高校教师薪酬待遇方面，正高级、副高级职称的教师权益实现均值显著高于中级和初级职称的教师。（见附录2）

（八）授课学时

通过方差分析得出，不同课时量民办高校教师在薪酬待遇方面不存在显著差异（$P = 0.313$），但通过 LSD 检验得出，每周授课课时任务更多（21~24 学时）的教师薪酬待遇权益实现均值显著低于每周授课 13~16 学时和 9~12 学时的教师。

在民办高校教师薪酬待遇方面，每周授课在 13~16 学时的教师权益实现均值最高（2.57），其他依次为每周授课 9~12 学时（2.54）、5~8 学时（2.49）、17~20 学时（2.48）、1~4 学时（2.46）、21~24 学时（2.31）的教师。（见附录2）

（九）管理职务

通过方差分析得出，不同职务的民办高校教师在薪酬待遇方面存在显著差异（$P = 0.006$）。

在民办高校教师薪酬待遇方面，校领导权益实现均值（4.50）最高，其他分别是院系副职（2.68）、教研室职务或辅导员（2.68）、校部中层（2.64）、院系正职（2.57）、无职务教师（2.48）。

从 LSD 事后检验的分析结果和均值比较可以得出，在民办高校教师薪酬待遇方面，校领导权益实现均值显著高于其他各组教师。(见附录2)

二　多元回归分析

以民办高校教师背景信息（性别、年龄、教龄、在本校工作年限、最高受教育程度、职称职务、办学层次等）作为自变量，教师薪酬待遇得分为因变量进行多元逐步回归分析，入选标准为 0.05，剔除标准为 0.10。回归分析结果得到民办高校教师薪酬待遇和月收入、本校工作年限、最高受教育程度、管理职务，共 4 个层面的回归模型。4 个回归方程的 P 值均在 0.001 水平上存在显著性，4 个模型的拟合效果均较好。回归分析结果显示：第 4 个模型优于其他 3 个模型，可以解释薪酬待遇变异的 5.3%（$R^2 = 0.053$）。

因此，$FP2 = 2.776 + 0.151X_1 - 0.195X_2 - 0.143X_3 + 0.045X_4$

FP2 代表民办高校教师薪酬待遇，X_1 代表教师月收入，X_2 代表本校工作年限，X_3 代表最高受教育程度，X_4 代表管理职务。

从 4 个自变量依次进入回归方程的顺序和各自的标准化偏回归系数看，月收入对民办高校教师薪酬待遇影响最大，其他是本校工作年限、最高受教育程度和管理职务。(见表 3-15)

表 3-15　民办高校教师薪酬待遇和人口学特征的多元回归分析

		回归系数	标准化偏回归系数	T	P	备注
1	常量	2.220		34.522	0.000	$R^2 = 0.022$
	月收入	0.130	0.147	4.331	0.000	$F = 18.754, p < 0.001$
2	常量	2.420		28.389	0.000	$R^2 = 0.036$
	月收入	0.152	0.172	4.978	0.000	$F = 15.820, p < 0.001$
	本校工作年限	-0.160	-0.123	-3.554	0.000	

			回归系数	标准化偏回归系数	T	P	备注
3		常量	2.807		18.423	0.000	$R^2 = 0.047$ $F = 13.754, p < 0.001$
		月收入	0.165	0.186	5.378	0.000	
		本校工作年限	-0.176	-0.135	-3.908	0.000	
		最高受教育程度	-0.147	-0.104	-3.051	0.002	
4		常量	2.776		18.218	0.000	$R^2 = 0.053$ $F = 11.887, p < 0.001$
		月收入	0.151	0.170	4.847	0.000	
		本校工作年限	-0.195	-0.149	-4.270	0.000	
		最高受教育程度	-0.143	-0.101	-2.965	0.003	
		管理职务	0.045	0.086	2.458	0.014	

三 数据结果

有 84.13% 的民办高校教师认为其薪酬待遇较低，样本总体约 80% 的教师年度平均工资低于教育国有单位就业人员平均工资（47995 元）。民办高校教师薪酬待遇权益实现在性别、地区、年龄、教龄、本校工作年限、受教育程度、职称职务等方面存在显著差异。其中，男教师权益实现均值要显著高于女教师；北京民办高校教师权益实现均值显著高于其他各地民办高校，河南民办高校教师权益实现均值显著低于其他各地民办高校；31～40 岁民办高校教师权益实现均值显著低于其他各年龄组教师，60 岁以上教师权益实现均值显著高于 30 岁以下、41～50 岁教师；31 年或以上教龄的教师权益实现均值要显著高于 1～20 年教龄以下的教师，1～5 年教龄的教师权益实现均值显著高于 6～10 年教龄的教师；在本校工作 1～5 年的教师权益实现均值显著高于工作 6～10 年的教师；有博士学位、专科及以下学历的教师权益实现均值要显著高于学士学位的教师，硕士学位的教师权益实现均值显著低于其他学位（学历）的教师；高级职称的教师权益实现均值显著高于中级和初级职称的教师；校领导权益实现均值显著高于其他各组教师。

月收入对民办高校教师薪酬待遇影响最大，本校工作年限、最高受教育程度和管理职务对民办高校教师薪酬待遇影响较大。

第五节　民办高校教师社会保险
权益实现分析

一　人口学特征分析

统计数据显示，民办高校教师社会保险权益实现均值为 3.34，与民办高校教师其他权益相比，实现程度相对较高，但与公办高校教师相比，有较大差距。

（一）性别和办学层次

通过独立样本 T 检验和均值计算得出，民办高校男女教师社会保险权益实现均值分别为 3.30 和 3.36，在性别方面（$P = 0.279$）不存在显著差异。民办本科高校和专科高校教师社会保险权益实现均值分别为 3.29 和 3.44，P 值为 0.031，达到显著水平。因此，在社会保险方面，民办专科高校教师权益实现均值显著高于民办本科高校教师。（见表 3-16）

表 3-16　社会保险在性别和办学层次上的差异

		均数	标准差	T	P
性别	男	3.30	0.911	-1.084	0.279
	女	3.36	0.950		
办学层次	本科	3.29	0.932	-2.156	0.031
	专科	3.44	0.955		

P < 0.05，显著；P < 0.01，很显著；P < 0.001，非常显著。

（二）地区因素

通过方差分析得出，民办高校教师社会保险的 P 值为 0.000，达到非常显著水平。

民办高校教师社会保险方面，北京教师权益实现均值最高，为 3.66，其他依次为宁夏（3.46）、浙江（3.31）、河南（3.24）、山东（3.08）的教师。

通过 LSD 事后检验，分析不同地区间民办高校教师社会保险的具体差异情况。从 LSD 事后检验的分析结果和均值比较可以得出，教师社会保险方面，北京民办高校权益实现均值显著高于浙江、河南和山东民办高校，宁夏民办高校显著高于河南和山东民办高校。（见附录3）

（三）年龄因素

通过方差分析得出，不同年龄组的民办高校教师社会保险存在显著差异（P = 0.018）。

民办高校教师社会保险方面，30 岁及以下教师权益实现均值（3.45）最高，其他依次为 60 岁以上（3.41）、41～50 岁（3.33）、51～60 岁（3.31）、31～40 岁（3.23）的教师。

从 LSD 事后检验的分析结果和均值比较可以得出，在民办高校教师社会保险方面，30 岁以下教师权益实现均值要显著高于 31～40 岁教师。（见附录3）

（四）教龄因素

通过方差分析得出，不同教龄组的民办高校教师社会保险存在显著差异（P = 0.001）。

民办高校教师社会保险方面，1～5 年教龄的教师权益实现均值（3.45）最高，其他依次为 31 年或以上（3.42）、21～30 年（3.41）、11～20 年（3.29）和 6～10 年（3.17）教龄的教师。

从 LSD 事后检验的分析结果和均值比较可以得出，在民办高校

教师社会保险方面，有 1～5 年教龄的教师权益实现均值要显著高于 6～10 年教龄的教师。（见附录 3）

（五）本校工作年限

通过方差分析得出，不同本校工作年限的民办高校教师在社会保险权益实现方面存在显著差异（P = 0.011）。

民办高校社会保险方面，在本校工作 1～5 年的教师权益实现均值（3.41）最高，其他依次为 11～15 年（3.36）、6～10 年（3.22）和 15 年以上（3.05）本校工作年限的教师。

从 LSD 事后检验的分析结果和均值比较可以得出，在民办高校教师社会保险方面，在本校工作 1～5 年的教师权益实现均值显著高于在本校工作 6～10 年的教师。（见附录 3）

（六）最高受教育程度

通过方差分析得出，不同教育程度的民办高校教师在社会保险方面存在显著差异（P = 0.014）。

民办高校社会保险方面，有专科及以下学历的教师权益实现均值（3.57）最高，其他依次为有博士（3.54）、学士（3.44）和硕士（3.25）学位的教师。

从 LSD 事后检验的分析结果和均值比较可以得出，在民办高校教师社会保险方面，有学士学位的教师权益实现均值显著高于有硕士学位的教师（见附录 3）。

（七）职称级别

通过方差分析得出，不同职称的民办高校教师在社会保险权益实现方面不存在显著差异（P = 0.121）。

在民办高校教师社会保险方面，正高级职称的教师权益实现均值（3.48）最高，其他依次为初级（3.39）、副高级（3.27）和中级（3.25）职称的教师。（见附录 3）

（八）实际月收入

通过方差分析得出，不同月收入的民办高校教师在社会保险方面不存在显著差异（P = 0.072）。

在民办高校教师社会保险方面，月收入为6000元以上的教师权益实现均值（3.66）最高，其他依次是月收入3001～4000元（3.40）、5001～6000元（3.38）、4001～5000元（3.29）、3000元以下（3.25）的教师。

通过LSD检验和均值比较得出，在民办高校教师社会保险方面，月收入3000元以下的教师权益实现均值显著低于月收入6000元以上和3001～4000元的教师。（见附录3）

（九）管理职务

通过方差分析得出，不同职务的民办高校教师在社会保险方面存在显著差异（P = 0.001）。

在民办高校教师社会保险方面，校领导权益实现均值（5.00）最高，其他依次是院系正职（3.85）、校部中层（3.65）、院系副职（3.62）、教研室职务或辅导员（3.37）、无职务教师（3.29）。

从LSD事后检验的分析结果和均值比较可以得出，在民办高校教师社会保险方面，校领导权益实现均值显著高于院系副职及以下职务的教师，无职务教师显著低于校领导、院系正副职教师。（见附录3）

二 多元回归分析

以民办高校教师背景信息（性别、年龄、教龄、在本校工作年限、最高受教育程度、职称职务、办学层次等）作为自变量，教师社会保险为因变量进行多元逐步回归分析，入选标准为0.05，剔除标准为0.10。回归分析结果得到民办高校教师社会保险和课时量、最高受教育程度、本校工作年限、月收入、年龄，共5个层面的回归模型。5个回归方程的 P 值均在 0.001 水平上存在显著性，模型拟合效果均较好。回归分析结果显示：第 5 个模型优于其他 4 个模型，可以解释教师社会保险变异的 3.3% （$R^2 = 0.033$）。

因此，$FP3 = 3.957 - 0.054X_1 - 0.147X_2 - 0.103X_3 + 0.119X_4 - 0.093X_5$

FP3代表民办高校教师社会保险，X_1代表课时量，X_2代表最高受教育程度，X_3代表本校工作年限，X_4代表月收入，X_5代表年龄。

从 5 个自变量依次进入回归方程的顺序和各自的标准化偏回归系数看，月收入对民办高校教师社会保险影响最大，其他是最高受教育程度、年龄、课时量和本校工作年限。（见表 3 - 17）

表 3 - 17　民办高校教师社会保险和人口学特征的多元回归分析

		回归系数	标准化偏回归系数	T	P	备注
1	常量	3.518		39.319	0.000	$R^2 = 0.009$
	课时量	-0.065	-0.096	-2.790	0.005	$F = 7.782, p < 0.001$
2	常量	3.812		24.012	0.000	$R^2 = 0.015$
	课时量	-0.058	-0.086	-2.486	0.013	$F = 6.427, p < 0.001$
	最高受教育程度	-0.122	-0.077	-2.244	0.025	
3	常量	4.003		22.130	0.000	$R^2 = 0.021$
	课时量	-0.058	-0.085	-2.466	0.014	$F = 5.887, p < 0.001$
	最高受教育程度	-0.133	-0.084	-2.442	0.015	
	本校工作年限	-0.108	-0.075	-2.179	0.030	
4	常量	3.909		21.246	0.000	$R^2 = 0.028$
	课时量	-0.051	-0.075	-2.180	0.030	$F = 6.082, p < 0.001$
	最高受教育程度	-0.154	-0.098	-2.812	0.005	
	本校工作年限	-0.136	-0.094	-2.683	0.007	
	月收入	0.089	0.090	2.559	0.011	

		回归系数	标准化偏回归系数	T	P	备注
5	常量	3.957		21.383	0.000	$R^2 = 0.033$ $F = 5.761, p < 0.001$
	课时量	−0.054	−0.079	−2.289	0.022	
	最高受教育程度	−0.147	−0.094	−2.691	0.007	
	本校工作年限	−0.103	−0.071	−1.950	0.051	
	月收入	0.119	0.121	3.178	0.002	
	年龄	−0.093	−0.083	−2.093	0.037	

三　数据结果

与公办高校教师相比，民办高校教师社会保险权益实现有待提高。相对于其他险种，民办高校教师更多关注养老保险和医疗保险，期待其工作期间的医疗保险和退休之后的养老金领取方面享受与公办高校教师同等的待遇。

民办高校教师社会保险权益实现在办学层次、地区、教龄、本校工作年限、最高受教育程度、职务方面存在显著差异。其中，民办专科高校教师权益实现均值显著高于民办本科高校教师；北京民办高校教师权益实现均值显著高于浙江、河南和山东民办高校教师，宁夏民办高校教师权益实现均值显著高于河南和山东民办高校教师；1~5年教龄的民办高校教师权益实现均值要显著高于6~10年教龄的教师；学士学位的教师权益实现均值显著高于硕士学位教师；校领导权益实现均值显著高于院系副职及以下职务的教师，无职务教师权益实现均值显著低于校领导、院系正副职教师。

月收入对民办高校教师社会保险影响最大，其他依次是最高受教育程度、年龄、课时量和本校工作年限。

第六节　民办高校教师职称评聘权益 实现分析

一　人口学特征分析

统计数据显示，民办高校教师职称评聘权益实现均值仅为 2.65。与公办高校教师相比，有 56.77% （583 人）的民办高校教师"赞同"或"极为赞同"职称评定困难。具有正高级职称的民办高校教师仅占样本总体的 3.0% （29 人），具有副高级职称的教师占 9.0% （88 人），具有中级职称的教师占 45.8% （446 人），具有初级职称的教师占 42.2% （411 人）。

（一）性别和办学层次

通过独立样本 T 检验和均值比较得出，民办高校教师职称评聘权益实现均值，男女教师分别为 2.71 和 2.62，本专科高校教师分别为 2.64 和 2.67。但是，性别和办学层次的 P 值分别 0.100 和 0.563，即民办高校教师职称评聘在性别和办学层次上不存在显著差异。（见表 3 - 18）

表 3 - 18　职称评聘在性别和办学层次上的差异

		均数	标准差	T	P
性别	男	2.71	0.873	1.644	0.100
	女	2.62	0.836		
办学层次	本科	2.64	0.847	- 0.578	0.563
	专科	2.67	0.872		

注：P < 0.05，显著；P < 0.01，很显著；P < 0.001，非常显著。

（二）地区因素

通过方差分析得出，民办高校教师职称评聘的 P 值为 0.029，达到显著水平。

民办高校教师职称评聘方面，宁夏教师权益实现均值最高，为 2.80，其他依次为山东（2.66）、河南（2.61）、浙江（2.58）和北京（2.55）的教师。

通过 LSD 事后检验，分析不同地区间民办高校教师职称评聘的具体差异情况。从 LSD 事后检验的分析结果和均值比较可以得出，在教师职称评聘方面，宁夏民办高校教师权益实现均值要显著高于河南、浙江和北京民办高校的教师。（见附录 4）

（三）年龄因素

通过方差分析得出，不同年龄组的民办高校教师职称评聘存在显著差异（P = 0.001）。

民办高校教师职称评聘方面，60 岁以上组教师权益实现均值（2.94）最高，其他依次为 51 ~ 60 岁（2.86）、41 ~ 50 岁（2.80）、30 岁及以下（2.71）和 31 ~ 40 岁（2.53）年龄组的教师。

从 LSD 事后检验的分析结果和均值比较可以得出，在职称评聘方面，31 ~ 40 岁民办高校教师权益实现均值显著低于其他各年龄组教师。（见附录 4）

（四）教龄因素

通过方差分析得出，不同教龄组的民办高校教师职称评聘不存在显著差异（P = 0.119），但从 LSD 事后检验的分析结果和均值比较看，有 1 ~ 5 年教龄的教师权益实现均值要显著高于 6 ~ 10 年教龄的教师。

民办高校教师职称评聘方面，31 年或以上教龄的教师权益实现均值（2.76）最高，其他依次为 11 ~ 20 年（2.71）、21 ~ 30 年（2.70）、1 ~ 5 年（2.69）和 6 ~ 10 年（2.55）教龄的教师。（见附录 4）

（五）本校工作年限

通过方差分析得出，不同本校工作年限的民办高校教师在职称方面不存在显著差异（P = 0. 120）。

从均值比较看，在本校工作 11 ~ 15 年的教师权益实现均值
（2. 70）最高，其他依次为 1 ~ 5 年（2. 68）、6 ~ 10 年（2. 59）和 15
年以上（2. 25）本校工作年限的教师。（见附录 4）

（六）最高受教育程度

通过方差分析得出，不同教育程度的民办高校教师在职称评聘方
面存在显著差异（P = 0. 000）。

民办高校职称评聘方面，有专科及以下学历的教师权益实现均值
（3. 15）最高，其他依次为有学士（2. 76）、博士（2. 71）和硕士
（2. 55）学位的教师。

从 LSD 事后检验的分析结果和均值比较可以得出，在民办高校
教师职称评聘方面，有专科及以下学历的教师权益实现均值显著高于
有学士、博士、硕士学位的教师，有学士学位的教师权益实现均值显
著高于有硕士学位的教师。（见附录 4）

（七）职称级别

通过方差分析得出，不同职称的民办高校教师在职称评聘方面存
在显著差异（P = 0. 021）。

民办高校教师职称评聘方面，副高级职称的教师权益实现均值
（2. 86）最高，其他依次为初级（2. 68）、正高级（2. 65）和中级
（2. 57）职称的教师。

从 LSD 事后检验的分析结果和均值比较可以得出，在民办高校
教师职称评聘方面，副高级职称的教师权益实现均值显著高于中级职
称的教师。（见附录 4）

（八）授课学时

通过方差分析得出，不同课时量的民办高校教师在职称评聘方面
不存在显著差异（P = 0. 461），但通过 LSD 检验得出，每周授课在
13 ~ 16学时的教师在职称评聘方面的权益实现均值显著高于每周授课

1~4学时的教师。

在民办高校教师职称评聘方面，每周授课在 13~16 学时的教师权益实现均值最高（2.74），其他为每周授课学时在 9~12 学时（2.65）、5~8 学时（2.64）、21~24 学时（2.64）、17~20 学时（2.60）、1~4 学时（2.52）的教师。（见附录 4）

（九）管理职务

通过方差分析得出，不同职务的民办高校教师在职称评聘方面存在显著差异（P = 0.000）。

在民办高校教师职称评聘方面，校领导权益实现均值（4.88）最高，其他依次是教研室职务或辅导员（2.93）、院系正职（2.82）、院系副职（2.79）、无职务教师（2.61）和校部中层（2.57）。

从 LSD 事后检验的分析结果和均值比较可以得出，在民办高校教师职称评聘方面，校领导权益实现均值显著高于其他各组教师。（见附录 4）

二 多元回归分析

以民办高校教师背景信息（性别、年龄、教龄、在本校工作年限、最高受教育程度、职称职务、办学层次等）作为自变量，教师职称评聘为因变量进行多元逐步回归分析，入选标准为 0.05，剔除标准为 0.10。回归分析结果得到民办高校教师职称评聘和管理职务、最高受教育程度、本校工作年限 3 个层面的回归模型。3 个回归方程的 P 值均在 0.001 水平上存在显著性，模型拟合效果均较好。回归分析结果显示：第 3 个模型优于其他 2 个模型，可以解释教师职称评聘变异的 3.5%（R^2 = 0.035）。

因此，FP4 = $3.141 + 0.071X_1 - 0.162X_2 - 0.134X_3$

FP4 代表民办高校教师职称评聘，X_1 代表管理职务，X_2 代表最高受教育程度，X_3 代表本校工作年限。

从 3 个自变量依次进入回归方程的顺序和各自的标准化偏回归系数看,管理职务对民办高校教师职称评聘影响最大,其他是最高受教育程度和本校工作年限。(见表 3 - 19)

表 3 - 19　民办高校教师职称评聘和人口学特征的多元回归分析

		回归系数	标准化偏回归系数	T	P	备注
1	常量	2.530		61.046	00.000	$R^2 = 0.014$
	管理职务	0.061	0.117	3.434	0.001	$F = 11.789, p < 0.001$
2	常量	2.924		21.916	0.000	$R^2 = 0.025$
	管理职务	0.060	0.114	3.355	0.001	$F = 10.789, p < 0.001$
	最高受教育程度	-0.150	-0.106	-3.109	0.002	
3	常量	3.141		20.699	0.000	$R^2 = 0.035$
	管理职务	0.071	0.135	3.901	0.000	$F = 10.169, p < 0.001$
	最高受教育程度	-0.162	-0.115	-3.371	0.001	
	本校工作年限	-0.134	-0.103	-2.955	0.003	

三　数据结果

具有高级职称的民办高校教师占样本总体的比例较小,具有初级和中级职称的民办高校教师比例高达 88.0%。有 56.77%(583 人)的民办高校教师认为"与公办高校教师相比,民办高校教师职称评聘困难";约有 70% 的民办高校教师认为"课题立项申请困难""评优评奖机会较少""进修培训机会较少""专业发展受限更大"。

民办高校教师职称评聘权益实现在地区、年龄、最高受教育程度、职务方面存在显著差异。其中,宁夏民办高校教师权益实现均值要显著高于河南、浙江和北京民办高校;31 ~ 40 岁民办高校教师权益实现均值显著低于其他各年龄组教师;有专科及以下学历教师权益实现均值显著高于有学士、博士和硕士学位的教师,学士学位的教师权益实现均值显著高于硕士学位的教师；副高级职称的教师权益实现均值显著高于中级职称的教师；校领导权益实现均值显著高于其他各组教师。

管理职务对民办高校教师职称评聘影响最大，其他依次是最高受教育程度和本校工作年限。

第七节　民办高校教师参与学校民主管理权益实现分析

一　人口学特征分析

统计数据显示，民办高校教师参与学校民主管理权益实现均值仅为 2.73。与公办高校教师相比，有 69.04%（709 人）的教师"赞同"或"极为赞同"民办高校管理过程中人文关怀不够，有 67.48%（693人）的教师"赞同"或"极为赞同"自身的组织认同感不强。

（一）性别和办学层次

通过独立样本 T 检验和均值计算得出，民办高校男女教师参与学校民主管理的权益实现均值分别为 2.73 和 2.72，不存在显著差异（P = 0.858）；本专科高校教师参与学校民主管理权益实现均值分别为 2.65 和 2.92，P 值为 0.000，达到非常显著水平，即在参与学校民主管理方面，民办专科高校教师权益实现均值显著高于民办本科高校教师。（见表 3 - 20）

表 3 - 20　参与学校民主管理在性别和办学层次上的差异

		均数	标准差	T	P
性别	男	2.73	0.883	0.179	0.858
	女	2.72	0.906		
办学层次	本科	2.65	0.879	- 4.484	0.000
	专科	2.92	0.919		

注：P < 0.05，显著；P < 0.01，很显著；P < 0.001，非常显著。

（二）地区因素

通过方差分析得出，民办高校教师参与学校民主管理的 P 值为 0.024，达到显著水平。

民办高校教师参与学校民主管理方面，河南教师权益实现均值最高，为 2.81，其他依次为宁夏（2.73）、浙江（2.70）、山东（2.66）和北京（2.51）的教师。

通过 LSD 事后检验，分析不同地区间民办高校教师参与学校民主管理的具体差异情况。从 LSD 事后检验的分析结果和均值比较可以得出，在教师参与学校民主管理方面，北京民办高校教师权益实现均值要显著低于河南和宁夏民办高校。（见附录 5）

（三）年龄因素

通过方差分析得出，不同年龄组的民办高校教师，其参与学校民主管理存在显著差异（P = 0.000）。

民办高校教师参与学校民主管理方面，51 ~ 60 岁组权益实现均值（3.08）最高，其他依次为 60 岁以上（2.91）、41 ~ 50 岁（2.88）、30 岁及以下（2.80）、31 ~ 40 岁（2.59）年龄组的教师。

从 LSD 事后检验的分析结果和均值比较可以得出，在民办高校教师参与学校民主管理方面，31 ~ 40 岁教师权益实现均值显著低于 51 ~ 60 岁、41 ~ 50 岁、30 岁及以下教师。（见附录 5）

（四）教龄因素

通过方差分析得出，不同教龄组的民办高校教师参与学校民主管理方面不存在显著差异（P = 0.055），但从 LSD 事后检验的分析结果和均值比较看，有 1 ~ 5 年教龄的教师权益实现均值要显著高于 6 ~ 10 年教龄的教师。

民办高校教师参与学校民主管理方面，21 ~ 30 年、31 年或以上教龄的教师权益实现均值最高，均为 2.93，其他依次为 1 ~ 5 年（2.77）、11 ~ 20 年（2.72）和 6 ~ 10 年（2.62）教龄的教师。（见附录 5）

（五）本校工作年限

通过方差分析得出，不同本校工作年限的民办高校教师在参与民办学校民主管理方面不存在显著差异（P = 0.212），但从 LSD 事后检验的分析结果看，民办高校教师参与学校民主管理方面，在本校工作 1～5 年的教师权益实现均值要显著高于在本校工作 6～10 年的教师。

从均值比较看，民办高校教师参与学校民主管理方面，在本校工作时间 1～5 年的教师权益实现均值（2.77）最高，其他依次为在本校工作 15 年以上（2.75）、11～15 年（2.73）和 6～10 年（2.64）的教师。（见附录 5）

（六）最高受教育程度

通过方差分析得出，不同教育程度的民办高校教师在参与民办学校民主管理方面存在显著差异（P = 0.001）。

民办高校教师参与学校民主管理方面，有专科及以下学历的教师权益实现均值（3.15）最高，其他依次为有学士（2.83）、博士（2.74）和硕士（2.63）学位的教师。

从 LSD 事后检验的分析结果和均值比较可以得出，在民办高校教师参与学校民主管理方面，最高受教育程度为硕士的教师权益实现均值显著低于专科及以下和学士学位的教师。（见附录 5）

（七）职称级别

通过方差分析得出，不同职称的民办高校教师在参与学校民主管理方面不存在显著差异（P = 0.333）。

在参与学校民主管理方面，副高级职称的教师权益实现均值（2.85）最高，其他依次为正高级（2.80）、初级（2.74）和中级（2.67）职称的教师。（见附录 5）

（八）授课学时

通过方差分析得出，不同课时量的民办高校教师在参与学校民主管理方面不存在显著差异（P = 0.709）。

在民办高校教师参与学校民主管理方面，每周授课在13～16学时的教师权益实现均值最高（2.79），其他为每周授课学时在1～4学时（2.72）、9～12学时（2.71）、5～8学时（2.71）、21～24学时（2.70）、17～20学时（2.62）的教师。（见附录5）

（九）管理职务

通过方差分析得出，不同职务的民办高校教师在参与学校民主管理方面存在显著差异（P＝0.022）。

在民办高校教师参与学校民主管理方面，校领导权益实现均值（4.33）最高，其他依次是校部中层（2.99）、院系正职（2.92）、教研室职务或辅导员（2.89）、院系副职（2.80）和无职务教师（2.69）。

从LSD事后检验的分析结果和均值比较可以得出，在民办高校教师参与学校民主管理方面，校领导权益实现均值显著高于其他各组教师。（见附录5）

二 多元回归分析

以民办高校教师背景信息（性别、年龄、教龄、在本校工作年限、最高受教育程度、职称职务、办学层次等）作为自变量，教师参与学校民主管理为因变量进行多元逐步回归分析，入选标准为0.05，剔除标准为0.10。回归分析结果得到民办高校教师参与学校民主管理和地区、最高受教育程度、管理职务、本校工作年限、月收入，共5个层面的回归模型。5个回归方程的P值均在0.001水平上存在显著性，模型拟合效果均较好。回归分析结果显示：第5个模型优于其他4个模型，可以解释教师参与学校民主管理变异的5.1%（$R^2＝0.051$）。

因此，$FP5＝2.843＋0.084X_1－0.187X_2＋0.056X_3－0.185X_4＋0.097X_5$

FP5代表民办高校教师参与学校民主管理，X_1代表地区，X_2代表最高受教育程度，X_3 代表管理职务，X_4 代表本校工作年限，X_5 代表月收入。

从 5 个自变量依次进入回归方程的顺序和各自的标准化偏回归系数看，地区对民办高校教师参与学校民主管理影响最大，其他是本校工作年限、最高受教育程度、月收入和管理职务。（见表 3 - 21）

表 3 - 21　民办高校教师参与学校民主管理和人口学特征的多元回归分析

		回归系数	标准化偏回归系数	T	P	备注
1	常量	2.467		31.331	0.000	$R^2 = 0.011$
	省份	0.055	0.105	3.070	0.002	$F = 9.426, p < 0.001$
2	常量	2.860		18.702	0.000	$R^2 = 0.021$
	地区	0.056	0.108	3.177	0.002	$F = 9.229, p < 0.001$
	最高受教育程度	-0.152	-0.102	-2.991	0.003	
3	常量	2.759		17.643	0.000	
	地区	0.057	0.109	3.225	0.001	$R^2 = 0.031$
	最高受教育程度	-0.148	-0.099	-2.917	0.004	$F = 8.900, p < 0.001$
	管理职务	0.053	0.096	2.843	0.005	
4	常量	2.969		17.545	0.000	
	地区	0.067	0.128	3.746	0.000	
	最高受教育程度	-0.163	-0.109	-3.217	0.001	$R^2 = 0.042$
	管理职务	0.066	0.119	3.452	0.001	$F = 9.224, p < 0.001$
	本校工作年限	-0.153	-0.111	-3.149	0.002	
5	常量	2.843		16.285	0.000	
	地区	0.084	0.162	4.465	0.000	
	最高受教育程度	-0.187	-0.125	-3.649	0.000	$R^2 = 0.051$
	管理职务	0.056	0.102	2.913	0.004	$F = 8.973, p < 0.001$
	本校工作年限	-0.185	-0.135	-3.733	0.000	
	月收入	0.097	0.103	2.771	0.006	

三 数据结果

民办高校教师参与学校民主管理的程度低，约有 70% 的民办高校教师认为学校管理过程中人文关怀不够，自身的组织认同感不强。民办高校教师参与学校民主管理程度因校而异，在办学层次、地区、年龄、受教育程度、职务方面存在显著差异。其中，民办专科高校教师权益实现均值非常显著地高于民办本科高校教师；北京民办高校教师权益实现均值要显著低于河南和宁夏民办高校教师；31~40 岁教师权益实现均值显著低于 51~60 岁、41~50 岁、30 岁及以下教师；硕士学位的教师权益实现均值显著低于专科及以下、学士学位的教师；校领导权益实现均值显著高于其他各组教师。

地区对民办高校教师参与学校民主管理影响最大，其他是本校工作年限、最高受教育程度、月收入和管理职务。

综上所述，通过调查问卷对民办高校教师身份地位、薪酬待遇、社会保险、职称评聘、民主管理等权益实现情况进行了实证分析。如何更好地实现这些权益，需要在整理分析访谈资料的基础上，结合国家和各省、自治区、直辖市民办高等教育改革探索经验，深入讨论导致民办高校教师权益实现程度较低的多样化影响因素，明确政府、举办者（出资人）和教师等利益相关者在实现民办高校教师权益过程中的责任。重点关注可规范、可调整、可优化、可健全的政策动向和体制机制，为民办高校教师权益全面实现提供思路框架。

第四章
民办高校教师身份地位不清与规范明晰

样本总体中有超过 80% 的民办高校教师认为其社会地位不高，身份编制不清。与其他权益相比，民办高校教师身份地位权益实现最低，政府扶持力度不足，举办者（出资人）和学校管理者对教师的重要作用和地位的认识有待提高。有些基层政府和教育行政管理部门对民办高校教师权益实现的重要意义认识不足，仍存在认为民办高等教育是权宜过渡、拾遗补阙，民办高校相当于 20 世纪 80 年代的个体户，民办高校教师相当于企业员工的观点。社会和民众对民办高校的管理体制、运行机制、收费标准等理解不够，把民办高校视为举办者（出资人）的私人产业，因此也戴着"有色眼镜"看民办高校教师，视其为"老板和企业的员工"。

当前，民办高校不是考生优先的教育选择，而是没有希望考入质量更高的公办高校或重点高校的考生的一种无奈选择，很多高校毕业生也不愿意去民办高校工作。总之，民办高校教师社会地位较低，与公办高校教师相比，身份不平等。

第一节　成因分析

一　民办高校法人属性不清的连锁反应

民办高校教师与公办高校教师在身份地位上存在较大差别，教师身份属性和社会地位与其所在学校的法人属性密切相关。

在调研中发现，不少被访谈者认为民办高校教师身份界定是一个重要问题，因为身份界定清楚了，教师的福利待遇和社会保障也就跟着定了。在实践中，有些地区的民办高校的教师职称评聘正在逐步与公办高校教师的职称评聘并轨，民办高校每年也能分到一些评聘指标。同时，一些被访谈者也谈到，一些民办高校的教师在获得更高职称的聘任后，会直接跳槽到公办院校，这背后的主要原因是民办高校的教师身份不属于事业单位编制，退休后社会保障和待遇会受到影响。

关于单位法人属性，1986 年通过的《民法通则》将法人①分为四类：企业法人、机关法人、事业单位法人和社会团体法人。其中，事业单位是我国特有的社会组织称谓，"指国家为了社会公益目的，由国家机关举办或者其他组织利用国有资产举办的，从事教育、科技、文化、卫生等活动的社会服务组织"。② 我国事业单位主要分为三类：承担行政职能的事业单位、从事生产经营活动的事业单位和从事公益服务的事业单位。根据职责任务、服务对象和资源配置等情况，我们又可以将从事公益服务的事业单位细分为"公益一类"和"公益二类"。"公益一类"，即从事义务教育、基础性科研、公共文化、公共

---

① 这里的"法人"，指具有民事权利能力和民事行为能力，依法独立享有民事权利和承担民事义务的组织。
② 《事业单位登记管理暂行条例》，1998 年 10 月 25 日国务院令第 252 号。

卫生及基层的基本医疗服务等基本公益服务，不能或不宜由市场配置资源的事业单位，国家财政全额拨款给予经费保障。"公益二类"，即从事高等教育、非营利性医疗等公益服务，可部分由市场配置资源的事业单位，经费来自国家财政差额补贴和服务性、经营性收入。[①]从事业单位类型看，我国公办高校显然属于事业单位法人，且为"公益二类"事业单位法人。因此，公办高校正式聘任的教师享有"事业编制"，即应为"编制内"的人，属于"干部身份"。"编制"也是我国特有的名词，指组织机构的设置及其人员数量的定额和职务的分配。由财政拨款的编制数额由各级机构编制管理部门确定，政府各级财政部门根据编制拨款，组织人事部门根据编制调配人员。"编制"主要分为行政编制（公务员）和事业编制。因此，"编制"是财政预算的重要概念，是财政预算能提供的公共岗位。对于公办高校教师而言，他们属于事业单位编制的职工，其薪酬待遇、社会保险等由政府财政全额或差额拨款，保障性更强，工作相当于"铁饭碗"。"编制"实质上意味着资源的分配。

公办高校属于事业单位法人是非常明确的，但民办高校属于哪种类型的法人，相关法律法规并没有做出明确规定。根据对"事业单位"和《民法通则》四类法人的界定，民办高校显然不属于机关法人、事业单位法人和社团法人。《民办教育促进法》把民办教育定性为公益事业，不得以营利为目的，因此在实际操作过程中也不能简单将民办高校登记为企业法人。1998年国务院发布的《民办非企业单位登记管理暂行条例》中，对"民办非企业单位"[②]进行了界定。目前，多数从事学历教育的民办高校（包括有一定营利性质的学校），在民政部门登记为"民办非企业单位"。实际上，该条例并没有和其

---

① 《中共中央 国务院关于分类推进事业单位改革的指导意见》，2011年3月23日发布。

② 民办非企业单位，指企业事业单位、社会团体和其他社会力量以及公民个人利用非国有资产举办的、从事非营利性社会服务活动的社会组织。

上位法《民法通则》对接，由此造成《民办教育促进法》规定的民办学校与公办学校享有"同等法律地位"的要求无法落实，民办高校的法人属性不能得到明确的法律认定，也致使民办高校教师与公办高校教师具有"同等法律地位"的规定无法落实。因此，引发民办高校教师身份地位权益不能实现的重要原因在于民办高校"民办非企业单位法人"的模糊性质，以及现有相关法律法规之间的互不对接。

长期以来，我国高校毕业生就业热衷于当公务员或去事业单位，以期进入"体制内"或"编制内"。"编制"依然是职工身份、地位的代名词。与享有"事业编制""干部身份"的公办高校教师相比，民办高校教师"编制外""工人身份"的地位较低。作为"民办非企业单位"的民办高校教师在社会地位、法律身份、人事档案等方面的权益未能全面切实实现。

此外，民办高校教师身份地位权益实现牵扯利益众多，涉及多个部门，在缺乏有效统筹的情况下，难以真正全面实现。

二 办学层次和历史的影响

长期以来，我国公办高校热衷于"升本"（"升格"），民办高校也是如此，学校从专科升级为本科，意味着招生指标的增加、生源质量的提高、资源的扩展、经费的增加、社会的认可和学校声誉的提高等。因此，与民办专科高校教师相比，民办本科高校教师身份地位相应地有所提高。受发展阶段和历史因素影响，民办高校教师队伍中，新进青年教师多、返聘公办高校退休教师多、中坚骨干教师少的"两头大，中间小"的现象依然普遍存在。因此，年龄在30～40岁的中坚骨干教师承担较多教学、行政和科研任务，身份地位认同感较低；30岁以下年轻教师选择进入民办高校时，对于身份地位没有较多感触；而聘用的公办高校退休教师，其在身份地位上显著高于民办高校自有教师。

另外，有 6～10 年教龄的教师，其年龄多处在 30～40 岁年龄段，伴随其对民办高校教育教学工作的认识的深入，其在与公办高校教师薪酬待遇、社会保险、职称评聘等相比较时，可能产生失落感，从而影响其对身份地位的认同。此外，高校教师是专门高级人才，有高级职称和较高的薪酬待遇的民办高校教师，其社会地位自然较高。

三　地区政策的影响

从地区因素看，浙江民办高校教师身份地位之所以显著高于其他地区，背后有重要的政策根源。2010 年，根据《国家中长期教育改革和发展规划纲要（2010—2020）》的部署，浙江省成为全国唯一的民办教育综合改革试点省份，承担民办教育分类管理、清理对民办教育的各类歧视性政策、探索制定公共财政资助民办教育具体政策等关键任务。[①] 为此，浙江省大力推进配套政策，深化办学体制改革。温州和宁波两地承担重任，尤其是温州市突破了多项"政策禁忌"，对民办教育开展全面"制度重建"，形成了全国民办教育改革的"温州模式"。

据温州教育局统计，2012 年，温州市民办高校、中小学和幼儿园在校生达 46.4 万人，占全市在校生总数的 31.9%。民办学校在校生数量多比例大，对当地经济社会发展的贡献力和影响巨大，这在一定程度上也"倒逼"和推动了温州民办教育改革。2011 年，温州市委、市政府出台《关于实施国家民办教育综合改革试点，加快教育改革与发展的若干意见》，并配套制定了民办教育营利性和非营利性

---

① 国务院办公厅：《关于开展国家教育体制改革试点的通知》（国办发〔2010〕48 号），2010 年 10 月 24 日。

分类管理、教师队伍建设、落实优惠政策、公共财政扶持、财务管理、法人财产权等方面的 9 个实施办法，打出"1 + 9"民办教育改革"组合拳"。这套"组合拳"后来扩展为"1 + 14"政策体系。伴随温州民办教育改革的不断推进，民办高校的法人属性、教师身份地位、待遇保障、公共财政扶持等方面取得了实质性进展。民办教育政策设计和改革实践的"温州模式"受到教育部门和社会各界的广泛认可。在民办学校教师身份地位方面，温州坚持同等待遇的原则，将非营利性民办学校登记为"民办事业单位"，将所有符合要求的民办学校教师纳入事业编制，并参照事业单位标准让教师参加社会保险，享受与公办学校教师同等的待遇。需要注意的是，学校必须承担社会保险中单位承担的部分，但政府可以通过购买服务的方式对学校进行补偿。

为提高民办高校教师地位，浙江宁波市也将民办学校列为"自收自支的事业单位"，为民办学校教师提供一定比例的"自收自支事业编制"指标。因此，宁波民办高校不存在教师身份和编制的问题，如宁波大红鹰学院在建校之初就被政府列为事业单位，并核定教师事业编制。2011 年宁波市政府给宁波大红鹰学院 1000 个事业编制，用于解决民办高校教师身份的问题，教师在退休后可以享受与公办高校教师同等的待遇保障。

第二节　规范的新动向

一　法规、政策、规范由教育系统内部向外部延伸

提高民办高校教师身份地位不只牵涉教育系统，还涉及编制管理、户籍管理、民政、人力资源和社会保障等政府行政管理部门。因此，教师身份地位的提高需要同时着力教育系统内部和外部的政策落实。

在法律法规方面，《教师法》规定"各级人民政府应当采取措施，保障教师的合法权益，提高教师的社会地位"，并要求"全社会都应当尊重教师"。《教育法》第33条也规定，"国家保护教师的合法权益，改善教师的工作条件和生活条件，提高教师的社会地位"。《民办教育促进法》专门明确要"保障民办学校教职工的合法权益"，规定"民办学校的教师与公办学校的教师具有同等的法律地位"。《国家中长期教育改革和发展规划纲要（2010—2020）》再次提出要"依法落实民办学校、学生、教师与公办学校、学生、教师平等的法律地位"。为贯彻落实《国家中长期教育改革和发展规划纲要（2010—2020）》的相关内容，2012年教育部出台《关于鼓励和引导民间资金进入教育领域促进民办教育健康发展的实施意见》（以下简称"22条意见"）要求"清理并纠正对民办学校的各类歧视政策。依法清理与法律法规相抵触的、不利于民办教育改革发展的规章、政策和做法，落实民办学校与公办学校平等的法律地位。保护民办学校及其相关方的合法权益"。

"22条意见"的出台，基本落实了民办高校及其教师在教育系统内部与公办高校及其教师同等地位的要求，但教育系统外部，尤其是对于民办高校法人属性的问题，仍存在政策和法律障碍，导致民办高校教师身份地位权益受损。因此，即将出台、正处于征求意见阶段的《关于进一步促进民办教育发展的若干意见》，是否涉及落实教育系统外的政策，是提高民办高校教师身份地位的政策的新动向。

二 探索突破"编制内"和"编制外"二元结构

尽管在法律法规和政策设计方面，就民办高校教师身份地位问题有相关的条文规定，但保障办法和监管制度没有细化和具体化，法规政策就没法全面落地。公办高校教师"编制内"和民办高校教师"编制外"的身份地位存在较大差距。对于如何突破高校教师身份地位的二元结构问题，各省、自治区、直辖市政策动态和主要做法主要有以下几点。一是把民办高校教师纳入人事部门或教育行政部门来管理，实行聘任制。例如贵阳市正在探索为民办性质的优秀教育集团提供事业编制的方法，教师薪酬待遇和社会保险由学校予以保障。二是可通过政府购买服务等方式，争取政府给予并核准民办高校教师事业单位编制。三是认为民办高校教师人事管理制度改革应符合国家对事业单位改革的总体要求和方向，将民办高校的教师纳入事业编制，需要慎重考虑。上述地区的探索和做法在提高民办高校教师身份地位方面起到了积极作用。

此外，有些典型省市已在尝试突破公办高校、民办高校教师身份的"二元"结构禁区。比如，针对民办高校教师的身份地位问题，浙江省的温州、宁波、衢州等地市将非营利性的民办学校教师纳入"民办事业单位"或"自收自支事业单位"，同时也通过有关政策相应提高营利性民办学校教师身份地位。

上海制定了一个折中的方案，通过对民办高校教师采取人事代理的方式，成立一个"民办高校教师人事代理中心"，挂靠在已有的人才交流中心，向上海市有关部门争取 400～500 个编制指标。指标总额在市内的民办高校中循环使用，指标优先考虑民办高校的骨干教师，使民办高校骨干教师的薪酬待遇和社会保障都与公办高校教师的相同。上海市闵行区政府也规定，"积极支持民办学校教师队伍建设，给予一定比例的事业编制，享有事业编制性质的教师，在民办学校服务期间，经费由民办学校承担，转入公办学校或退休后，由政府承担"。[①]

第三节　明晰的路径

实际上，民办高校教师身份地位权益实现应主要靠地方政府的政

---

① 上海市闵行区人民政府：《关于进一步促进民办教育健康发展的若干意见》，2009 年 5 月 8 日。

策推进，政府在教师身份地位权益实现方面应发挥更为积极的作用。此外，在调研中也可以看到，民办高校教师身份地位的提高离不开政府的大力支持，凡是政府政策对民办高校支持力度大的地区，民办高校举办者（出资人）的办学积极性就高，民办高校教师身份地位、薪酬待遇、职称评聘和参与学校民主管理等权益实现程度就高。

一　明确民办高校法人属性，鼓励地方率先突破

当前民办高校登记为"民办非企业单位"的属性，既不符合我国民办高等教育领域大量投资办学的客观事实，又造成了民办高校及其教师不能享有与公办高校及其教师同等的法律地位。同时，民办高校及其教师既享受不到事业单位的各种优惠政策和各项权益，又享受不到企业的待遇。因此，民办高校及其教师"名不正则位不高"。规范民办高校法人登记类型，明确民办高校法人属性，是提高民办高校教师身份地位的重要举措。

明晰了问题解决路径，政府就需要在加强政策顶层设计的同时，倡导鼓励并尊重地方改革探索，力求实现政策突破，创新性、实质性地解决民办高校教师身份地位问题。我国公共财政在逐步进入民办高校，大部分民办高校的教学设施和基础条件等办学硬件实力已经具备，当前面临的更重要的问题是如何集中人力、物力、财力优先用于教师队伍建设等软实力的提升上来。尤其是如何解决民办高校教师身份地位问题，需要我们认真研究。

从地方创新性举措看，温州市正在积极探索营利性和非营利性民办高校分类登记注册方法，将非营利性民办高校登记为"民办事业单位法人"，将营利性民办高校登记为"企业法人"，以此来提高民办高校教师的身份地位。两类民办高校教师均要参加人事代理，均享受与公办高校教师同等的待遇保障，体现出"高校性质虽不同，但教师地位平等"的政策导向。

二 促使利益相关方达成共识，提高教师身份地位

各级政府、举办者（出资人）和教师等利益相关者需要就实现民办高校教师权益达成全面共识，政府通过政策扶持和引导提高民办高校教师身份地位是大势所趋。在法规政策方面，政府不断推出新规，社会也因此对民办高校及其教师的地位更加重视，地方实践探索也有创新举措，但是对于切实实现民办高校教师权益的具体责任划分方面还没有达成共识。

目前，地方政府和社会对于"将民办高校教师纳入事业编制并给予民办高校补贴"的政策设计没有形成共识。有些被访者认为，政府公共教育财政不等于公办高校财政，也应该投入民办高校中，政府从意识上还是没有根本转变。民办高校为高等教育的大众化起到重要助推作用，培养的学生也是国家的人才，老师也在为国家作奉献，从事的也是国家的教育事业，传统的不公平看法让民办高校教师很心寒。

实际上，民办高校和民办高校教师接受政府的委托开展人才培养工作，并做出了巨大贡献，政府理应为民办高校教师权益实现，尤其是为提高教师身份地位提供切实保障。

第五章

民办高校教师待遇保障不足与调整提升

薪酬待遇和社会保险是民办高校维持内部平衡所必需的经济诱因，是充分考虑教师这一利益相关者身份的表现，也是教师作为民办高校人才培养代理人应该获得的物质激励和经济报酬。因此，薪酬待遇水平和社会保险缴纳标准是民办高校教师权益的重要体现。另外，在理论研究和政策实践中，"待遇保障"的概念一般包括薪酬待遇（工资水平）和社会保险两个方面，因此本部分将民办高校教师薪酬待遇和社会保险权益问题并为一章分析。

民办高校教师已成为我国高等教育师资队伍中越来越重要的部分。但是，他们在付出辛勤劳动的同时，得到的却是与同级同类公办高校教师不同的、与自身教育背景和专业训练也极不相称的薪酬待遇和社会保障。从数据分析看，约有80%的民办高校教师年度平均工资低于教育国有单位就业人员平均工资，民办高校教师薪酬待遇权益实现程度仅高于身份地位的权益实现程度。社会保险权益实现程度相对较好，但公办、民办双轨制的社保体系，导致民办高校教师与公办高校教师在医疗保险和养老保险方面存在巨大差距，尤其是民办高校教师退休后的养老金显著低于公办高校教师。

民办高校教师待遇保障权益实现过程中，由于缺乏监督问责的体制机制，民办高校教师聘任中违法违规现象时有发生，变相增加教师工作时间的行为普遍存在，教师的薪酬待遇有待提高，社会保险体系有待完善。

第一节　成因分析

一　薪酬制度不合理，激励效果不佳

一方面，民办高校教师薪酬待遇与公办高校教师的薪酬待遇差距在加大。民办高校在发展之初，凭借灵活的市场机制和充足的民间资本，可以保证教师较高的薪酬待遇。但伴随国家财政性教育经费的不断增长，公办高校得到的财政性教育经费不断增加，公办高校教师绩效工资明显增长，相比之下，民办高校教师薪酬待遇增长缓慢。国家统计局公告显示，2012 年国家财政性教育经费占国内生产总值（GDP）的比例首次超过 4%，经费约 2.77 万亿元。民办高校教师原有的薪酬优势逐步丧失，薪酬普遍低于公办高校教师的工资收入，公办高校和民办高校教师的薪酬待遇差距不断加大。

另一方面，民办高校教师薪酬设计存在缺陷。有研究者通过案例分析了民办高校教师薪酬制度，认为："当前民办高校教师薪酬制度设计不合理，随意性、人为性较大；福利体系缺乏科学性、可操作性和可持续性；民办高校间和学校内部不同教师群体间差异较大，同工不同酬的现象比较严重；薪酬激励水平较低，缺乏外部竞争力，工作量大、任务重但工资水平却较低。"[1] 数据分析显示，民办高校教师每周课时量平均为 12.3 学时，但仍有多达 80% 的民办高校教师年度

---

[1] 刘翠兰：《民办高校教师薪酬制度与薪酬激励研究》，山东大学出版社，2011，第 71～80 页。

平均工资低于 4.8 万元。民办高校教师薪酬体系缺少竞争力，教师薪酬满意度较低。

二 举办者办学目的多样，重视程度不一

当前，民办高校的融资渠道较少，社会资本进入教育领域受限。有研究指出，我国民办高校办学经费来源渠道比较单一，主要有学生学费、住宿费和后勤服务等事业收入。民办高校采取"以学养学"（"以费养学"），滚动发展的模式，政府投入和民间捐资的数额较少比例较小。有研究显示，"目前我国民办高校办学经费来源中，学费、杂费等事业收入占 87.26%，国家财政性教育经费占 6.68%，举办者投入占 5.15%，捐赠收入仅为 0.26%"。[1]

此外，尽管现行法律对民办教育营利性目的是禁止的，但我们不能否认民办教育营利性行为的普遍存在。现有民办高校客观存在营利性办学行为或营利性办学目的。有些举办者（出资人）追求利润最大化，想获得更多收益，因此教师福利待遇会受到损害。同时，有的民办高校举办者（出资人）的办学启动资金和后续办学经费不能保证，学校缺少运行经费，囊中羞涩，没有能力再为教师待遇保障贡献力量，甚至有学校不能按时足额发放教师工资，为教师缴纳的各种社会保险按照最低标准执行，导致教师待遇保障受损严重。

尽管民办高校主要是靠非国家财政性经费举办的学校，举办者（出资人）在实现民办高校教师待遇保障方面负有主要责任，但是民办学校为社会经济发展和教育改革做出巨大贡献，政府也应该承担相应责任。

---

[1] 袁绪程：《为什么中国出不了世界一流大学——兼论中国高等教育的出路》。http://www.aisixiang.com/data/72391.html，最后访问日期：2014 年 4 月 21 日。

三 公办、民办双轨制，社保体系之痛

公办高校教师和民办高校教师参加社会保险的双轨制，始终是困扰民办高等教育发展的"老大难"问题。

目前，我国社会保险主要有五大险种：养老保险、医疗保险、失业保险、工伤保险和生育保险。养老保险是社会保险体系中最重要的险种，最能引起社会关注，可以分为基本养老保险①、补充养老保险②和个人储蓄养老保险。

从资料分析看，民办高校教师最关注退休后的养老金问题。在民办高校办学过程中，有不少学科骨干教师宁可到公办高校一个没多少学生学的专业去，也不愿意继续留在民办高校。这部分教师有的是青年教师，也有的是接近退休的教师，但都考虑到退休后的养老保险问题，因此他们愿意到公办学校去。民办高校教师养老保险问题导致人员流失严重。

目前，公办高校教师属事业编制，缴纳事业单位养老保险。民办高校教师则属于或等同于企业员工，购买的是企业社会保险，比公办高校教师缴费多但退休后领取的退休金却比公办高校教师少。那么，公办高校教师缴纳的养老保险和民办高校教师缴纳的养老保险到底有哪些差别呢？部分被访者表示，民办高校登记为民办非企业单位后，其教师按照企业的标准参加社会保险，与同级同类公办学校教师相比，退休后的收入相差一倍以上。这个观点也得到了民办教育研究学者的赞同。浙江大学民办教育研究中心吴华教授认为，民办高校教师

---

① 基本养老保险指政府强制实施的共同养老保险计划系统，更强调公平性，其目标是保障社会成员或一定范围内的退休者的基本生活，采用社会统筹与个人账户相结合的模式。

② 也称企业年金（职业年金），指用人单位在相关法规政策指导下，根据自身经营状况而建立的保险制度。它更加体现效率，其目标是使职工在退休后获得一定比例的养老金，也是一项重要的员工福利和激励手段。

如果参加企业养老保险，企业职工缴纳的基本养老保险标准是参照上年度职工个人平均工资，个人缴纳标准是平均工资的8%，企业为职工缴纳职工平均工资的20%。参保缴费满20年后退休，养老金仅仅能拿到其退休前工资的36%；即使是缴纳满30年后再退休，养老金也就只能拿到其退休前工资的44%。但是，民办高校教师如果参照同级同类公办高校教师参加事业单位养老保险，同为20年后退休，养老金便能拿到其退休前工资的70%以上，若是缴纳30年后退休，几乎可以拿到退休前工资的100%。从比较中可以看到，公办高校、民办高校两种不同的养老保险参保体系，教师退休后的养老金领取额相差一倍以上。

四 公共财政支持有限，缺乏有效渠道

公共财政支持民办高校缺乏有效渠道也是造成民办高校教师薪酬待遇和社会保险权益受损的重要因素之一。近年来，中央和地方政府对民办高校的支持力度虽有加强，但由于公共财政预算中没有专门设立民办教育相关科目，公共财政缺乏有效渠道支持民办高校发展及其教师权益实现。《民办教育促进法》规定，县级以上各级人民政府可以设立民办教育专项资金，用于资助民办学校的发展。但由于不是硬性规定，且缺少监督问责机制，仅有北京、上海、浙江、陕西、湖南、福建等省市设立了专项资金，这些专项资金用于民办高校教师权益实现的比例较小。

对于民办高校教师社会保险，国家层面只有方向性指导政策，没有具体统一的规定，主要靠地方政府保障。因此，地区政策同样是影响民办高校教师待遇保障实现的重要因素。

《浙江省中长期教育改革和发展规划纲要（2010—2020年）》（以下简称"浙江教育规划纲要"）提出，"民办学校教师参加事业单位养老保险的，按照当地事业单位养老保险统筹缴费标准参保并享受

相应养老待遇；民办学校教师参加企业职工基本养老保险的，民办学校教师在不同养老保险制度间转移养老保险关系，其缴费年限可按规定连续计算"。宁波市规定，"实施学历教育和学前教育的民办学校，符合规定条件的，其聘用的具有中级以上专业技术职务的教师，可按规定参加事业养老保险。鼓励民办学校为教职工办理补充养老保险，提高民办学校教职工的退休待遇"。[①] 宁波市规定民办学校教师自 2012 年 5 月 1 日起，纳入事业单位医疗补助统筹管理，享受同等待遇。据统计，宁波在市、县两级政府建立民办教育发展专项资金，补助民办学校为教师缴纳养老保险的经费，每人每年约 4400 元。受惠于此项政策而参加事业单位养老保险的民办学校教师已占教师总数的 55% 以上。

温州市规定，"凡取得相应教师任职资格，参加人事代理，并从事相应教育教学工作的民办学校教师，均按公办学校教师标准参加事业单位社会保险。参加事业单位社会保险的民办学校教师，享受与公办学校教师同等的退休费、住房公积金、困难救助等待遇"。[②] 民办学校教师参加事业单位养老保险方面，以事业单位绩效工资改革后对应的职务职称所确定的标准为缴费基数，按 26% 的比例缴纳，其中单位缴费比例为 22%，个人缴费比例为 4%。毋庸置疑，这是民办学校教师"举双手赞成"的政策，但是，这个政策到了举办者（出资人）眼中就变成了学校增加的运营成本。温州市政府通过"公共财政补助民办教育的资金（民办教育专项奖励补助资金和政府购买公共服务补助资金）"来化解来自举办者（出资人）的改革阻力，实际

---

① 浙江省宁波市政府：《改善民办教育发展环境 促进民办教育可持续发展》。http：//www. moe. gov. cn/publicfiles/business/htmlfiles/moe/moe _ 1485/201107/122229. html，2011 年 7 月 15 日，最后访问日期：2014 年 4 月 10 日。

② 浙江省教育厅：《加强投资服务管理促进民办教育发展》。http：//www. moe. gov. cn/publicfiles/business/htmlfiles/moe/s7511/201309/157858. html，2013 年 9 月 25 日，最后访问日期：2014 年 4 月 10 日。

上就是民办学校教师参加事业单位社会保险的资金最终由政府通过购买教育服务来承担。但是，政策规定这笔经费必须优先用于缴纳教师社会保险费的单位应缴部分、教师培训、教师最低工资和改善办学条件等。

五 经济发展水平和人口学特征的影响

1. 区域经济发展水平、工作年限和职称职务等影响教师薪酬待遇

区域经济发展水平和人均收入水平是影响民办高校教师薪酬待遇实现的因素之一。从分析结果看，北京民办高校教师薪酬待遇和社会保险权益实现均高于其他地区的民办高校教师。另据国家统计局数据，2012 年，北京、浙江、山东、宁夏和河南城镇居民人均可支配收入依次为 36469 元、34550 元、25755 元、22211 元和 20442 元，[①] 这和上述 5 个省份的民办高校教师薪酬待遇权益实现排名是一致的。因此可以推论，北京民办高校教师薪酬待遇和社会保险权益实现程度较好，可能得益于其经济发展水平和人均收入水平。

工作年限和职称职务影响薪酬待遇。人们普遍相信高等教育文凭会带来较多的收入，但在民办高校教师身上，没有看到这一迹象，拥有硕士学位的教师薪酬待遇显著低于其他学位（学历）的教师。研究者分析，面对竞争日益激烈的人力资本市场，硕士毕业生进入民办高校主要是开展教学工作，由于工作时间较短，再加上没有相应的职称职务，其薪酬待遇相对较低。

男教师承担教学更多，工作量更大，获得的薪酬也更多，而女教师普遍受到家庭和孩子等因素的影响，承担教学任务相对较少，薪酬

---

① 人民网财经频道、人民网财经研究院：《2012 年全国各地 GDP 排行榜》。http：//finance.people.com.cn/GB/8215/356561/359047/，最后访问日期：2014 年 4 月 10 日。

少于男教师。另外，民办高校更重视教师在本校工作年限和对本校的贡献，与年龄教龄、最高受教育程度和职务相比，在本校工作的年限对薪酬待遇影响更大。

2. 授课门数和学时数影响教师薪酬待遇

目前，民办高校教师的薪酬通常是按照课程门数来计算，并仅限于课堂时间或课时数来结算。一些课堂以外的服务，例如课程资料准备、学生课外答疑辅导、学生作业批改以及参加学校和院系的会议事务，都是无偿奉献。调研发现，除了课堂教学以外，如组织学生活动、指导学生学习这类与学生学习和学校发展有关的活动，民办高校一般不会再直接支付报酬。此外，教学工作之余，民办高校教师还要被动接受学校或学院很多的行政事务，有的教师要兼任年级辅导员的工作，需要付出很多的精力，但是辅导员的津贴非常低。从数据分析看，承担门数和学时数更多且在本校工作 1~5 年的青年教师的薪酬待遇显著高于工作 6~10 年的教师。

3. 年龄、职称和职务影响教师薪酬待遇

根据民办高校教师队伍结构特点，60 岁以上的教师多是公办高校退休教师，而这些教师大多是拥有高级职称且教学水平较高的教师，民办高校一般也是看重他们的教学能力和水平。因此，与其他教师相比，他们的薪酬待遇更高。在职务因素方面，校级领导处于本校高层管理者的位置，承担重要管理工作，对学校的贡献也相对较大，职级工资更多，因此薪酬待遇要高于其他教师。

第二节　政策法规调整的动向

一　由工资福利向多层次保障体系调整

民办高校教师的待遇保障最初由举办者（出资人）予以保障，

举办者关注教师的工资福利。随着社会保险体系的完善，民办高校待遇保障体系由为民办高校教师提供单一的"待遇保障"逐渐向提供"社会保险""补充养老保险""住房公积金""教师年金"多层次待遇保障体系转变。

1993年10月31日通过的《教师法》规定"社会力量举办学校的教师待遇，由举办者自行确定并予以保障"，且"教师的平均工资水平应当不低于或者高于国家公务员的平均工资水平，并逐步提高"。由此可见，民办学校教师工资水平是保障重点。之后，2002年12月28日通过的《民办教育促进法》更为具体地提出"民办学校应当依法保障教职工的工资、福利待遇"，而且还规定民办学校"要为教职工缴纳社会保险费"。"社会保险"首次在专项民办教育法律条文中出现。为进一步提高民办高校教师的社会保障，"补充养老保险"的概念出现。2007年2月3日颁布的《民办高等学校办学管理若干规定》提出，"民办高校应当依法保障教师的工资、福利待遇，同时按国家有关规定为教师办理社会保险和补充保险"。2012年，国务院颁布《关于加强教师队伍建设的意见》，提出"民办学校应依法及时兑现教师工资待遇，按规定为教师足额缴纳社会保险费和住房公积金。鼓励民办学校为教师建立补充养老保险、医疗保险"。2012年，教育部颁布的"22条意见"提出要落实民办学校教师待遇，"民办学校要依法依规保障教师工资、福利待遇，按照有关规定为教师办理社会保险和住房公积金，鼓励为教师办理补充保险。支持地方人民政府采取设立民办学校教师养老保险专项补贴等办法，探索建立民办学校教师年金制度，提高民办学校教师的退休待遇"。

从上述法律法规对于民办高校教师待遇保障的规定分析，"待遇""社会保险""补充养老保险""住房公积金""民办学校教师年金制度"等关键词涌现，法规政策不断细化，民办高校教师待遇保障政策正由单一工资福利向多层次社会保障体系调整。

二 探索公办、民办高校教师同等待遇之路

从民办高校教师待遇保障的地区探索分析，各地在多措并举，力求实现公办、民办高校教师享有同等待遇，重点关注工资标准制定、养老保险差距缩减。主要方式有公共财政适当补贴、民办教育发展资金专项资助等。

在社会保险衔接方面，云南、天津、内蒙古、贵州、广东等省、自治区、直辖市明确规定，公办高校、民办高校教师可以合理流动，教龄工龄连续计算，社会保险衔接。在保障"同等待遇"方面，贵州在探索民办教师按城镇职工参加保险的办法，即在民办学校连续工作 20 年，累计工作 25 年以上，民办学校教师的退休待遇与公办学校同级同类的教师待遇等同，差额的资金由县级财政来补齐。在工资标准和住房保障方面，2013 年 12 月 17 日湖北省政府出台《关于进一步促进民办普通高等教育发展的若干意见》，保障教师权益及其他福利待遇。它规定"民办高校参照当地公办高校教师现行工资标准制定工资标准，同时鼓励民办高校在符合城市规划和土地利用规划的前提下，利用自用土地建设教职工公共租赁住房，享受当地公共租赁住房相关优惠政策"。湖南常德市将民办高校教师纳入事业编制和社保体系。浙江德清县从 2002 年开始起给民办学校单独核编，编制按学校规模单独核算，养老、失业和医疗等保险以及住房公积金均由民办学校参照公办教职工标准办理。上海在探索教师年金制度，捐资举办的高校和不要求取得合理回报的高校建立教师年金制度，其中，单位缴纳部分由地方政府和高校分担，要求取得合理回报和营利性的高校，教师年金的费用按相应规定缴纳，继续提高企业退休人员基本养老金水平。[①]

---

① 部分观点来自教育部举办的第 1 期全国民办教育创新与发展专题研究班学员。

有些省份和地区设立了民办教育发展专项资金，用于支持民办学校的教师队伍建设，优先用于教师社会保障。北京市 2007 年设立了民办高等教育发展促进项目资金，截至 2010 年，累计向民办高校发放资助专项资金 4120 万元，主要用于支持鼓励民办高校提升教育教学质量和特色发展、推进示范性民办高职院校建设等方面。云南省从 2009 年起，省级财政每年安排民办教育发展专项资金 2000 万元，用于支持示范性民办学校建设和表彰奖励有突出贡献的集体和个人。贵州省从 2011 年起，每年安排 2000 万元省级民办教育发展专项资金，主要用于教师队伍建设以及优质民办学校建设项目的贷款贴息等。贵阳市设立市级民办教育发展资金 1000 万元，支持民办学校发展，同时要求"学校要保障教师工资、福利待遇，按照有关规定为教师办理社会保险和住房公积金，鼓励为教师办理补充保险。被评定为优质、优良等级的民办学校，教师平均工资原则上不低于同级同类公办学校平均水平"。[①] 内蒙古将民办教育发展专项资金纳入财政预算，与同级财政收入同步增长，办学水平和教育质量达到国家评估合格标准、有学历颁发资格的民办高校，按高等教育生均定额事业费的10% 给予一次性奖励。此外，重庆、广东、江苏、吉林、江西等省份也有相关规定。

上海市和陕西省明确出台民办高等教育扶持政策并设立民办高等教育专项资金，陕西省的政策力度最大。从 2009 年起，上海市设立民办高等教育政府扶持资金，2011 年市级财政预算内配置 3000 万元，用于加强民办高校师资队伍建设、扶持民办高校特色学科专业建设和支持民办高校教育教学改革等。2011 年底，陕西省出台《关于进一步支持和规范民办高等教育发展的意见》，实质性地支持民办高等教育的发展，要求"切实落实民办高校与公办高校同等法律地

---

① 贵阳市人民政府：《关于加快民办教育改革与发展的若干意见》，2013 年 8 月 2 日。

位"，尤其要"对非营利性民办高校给予与公办高校同等支持力度"。同时要依法保障教师工资及其他福利待遇，民办高校要参照当地公办高校教职工现行工资标准，制定教职工工资标准。在教师社会保险权益方面，确保民办高校教职工依法参加各类社会保险，并享受相应的待遇水平，对于民办高校增加的缴纳成本，地方财政可按以奖代补形式给予补助。在住房保障方面，文件要求对符合申请当地保障性住房条件的民办高校教师，可作为保障对象纳入保障范围。根据意见要求，从 2012 年起，陕西省财政设立民办高等教育发展专项资金，每年额度为 3 亿元，用于支持和奖励民办高校（不包括独立学院和民办非学历高等教育机构）。专项资金优先用于高水平民办高校师资队伍建设、科学研究、公共服务和信息平台建设等方面。其中，在师资队伍建设方面，重点支持民办高校高层次人才引进和培养、师资队伍培训和学术交流、创新团队建设以及辅导员专项培训等。此外，专项资金也可以对落实教职工参加社会保险政策的民办高校给予奖励性补贴。

第三节　提升的路径

总体来看，在民办高校教师薪酬待遇和社会保险权益实现的探索中，政府制定民办高等教育法规政策的价值取向，也由鼓励引导、规范促进转为大力支持、积极参与。政府、举办者（出资人）和教师等利益相关者的作用不断显现，各方达成共识和寻求共同目标的愿望正在实现。突破公办、民办双轨制社会保障体系具有了现实基础。

一　各利益相关方分担成本，提高教师薪酬待遇

建立政府、举办者（出资人）和教师三方的成本分担机制，是加强民办高校教师队伍建设的可行思路。民办高校教师待遇保障权益

的实现应遵循"多方受益、多方承担"的原则,即政府财政性教育经费主动进入民办高校,举办者(出资人)主动提高教师待遇保障,教师努力以教学科研工作成果来回报。有被访者表示:"我们感觉民办高等教育的春天来了,可花还没开呢。"多位民办高等教育从业者认为,出现上述情况的原因,与政府购买服务的经费分担机制有直接关系。尽管民办高校教师薪酬水平由举办者(出资人)予以保障符合民办高校的性质和法律法规的要求,但伴随社会经济发展水平的提高,政府应该参照当地同级同类公办高校教师工资标准,制定民办高校教师工资指导线,保障民办高校教师薪酬待遇权益不受损。

另外,民办高校要在积极争取政府政策支持的同时,举办者(出资人)应以提高办学质量为最终目的,视教师为关键性、战略性资源,切实重视教师的作用,从而制定科学完善的薪酬体系,对不同群体适用不同形式的激励机制,调动教师积极性。民办高校要保障教师薪酬待遇所需经费,坚持多劳多得、责重多得、优绩优酬、倾斜一线、倾斜骨干的分配原则,不断提高教师薪酬待遇。

二 突破双轨制体系,消除公办、民办社保差距

社会以前关注不同群体社会保障有没有的问题,但现在需要关注公办高校教师和民办高校教师社会保障水平高低的问题。社会保障体系建设应突破只为公办高校配套的局限性,需要从为全体高校教师提供社会保障的角度进行体系建设,提高覆盖面。为体现我国经济社会发展和高等教育发展的进步,社保体系应从过去公办高校教师群体有保障,向民办高校教师也要合理享有保障转变。总之,按照高校教师的职业身份,而非按照其所供职单位的属性来提供社会保障,这符合未来中国整个社会保障改革乃至社会发展的大方向。比如,温州民办事业法人学校和企业法人学校的教师均享有与同级同类公办学校教师同等的社会保障,但前提条件是必须参加人事代理。

在民办高校教师社会保障方面，被访谈者普遍认为，民办高校最大的问题是教师的权益得不到完全保障，没有解决民办高校教师的"后顾之忧"，退休后的养老金数额与公办高校教师差距大。建议政府对民办高校教师提供基本的社会保障，承担"五险一金"，使公办高校教师、民办高校教师享受同等待遇。教师的工资待遇和住房等问题可由民办高校自己解决。对于营利性民办高校，虽然按照企业法人进行登记，但教师也应享受与公办高校教师同等的基本社会保障。社会保险不同于商业保险，是一种调节收入再分配制度，因此政府应该在实现民办高校教师社会保险权益中扮演重要角色。

第六章
民办高校教师职称评聘机制不畅与优化理顺

　　受历史的客观因素影响，有些民办高校自有专任教师学历和职称严重偏低，具有正高职称的专任教师较少。统计显示，具有博士学位的民办高校教师仅占样本总体的1.9%（19人），具有硕士学位的教师占58.2%（587人），具有学士学位的教师占37.3%（376人）；具有正高级职称的民办高校教师占样本总体的3.0%（29人），具有副高级职称的教师占9.0%（88人），具有初级和中级职称的教师比例高达88.0%（857人）。

　　与公办高校教师相比，民办高校教师专业发展空间严重受限，民办高校教师在职称职务评聘、表彰奖励、申请科研项目、交流培训等方面，存在渠道不畅或者明显被歧视的情况。约有57%的民办高校教师认为"与公办高校教师相比，民办高校教师职称评聘困难"；约有70%的民办高校教师认为"课题立项申请困难""评优评奖机会较少""进修培训机会较少""专业发展受限更大"。

第一节　成因分析

　　总体上讲，民办高校引进高端人才包括"双师型"教师比较困难。民办高校教师评定正高、副高职称的指标太少，队伍缺少稳定性，流失严重。民办高校成了公办高校的"师资培训机构"。造成这种现象的主要原因还是民办高校教师待遇保障与公办高校教师的差别太大，职称评定难，专业发展空间受限，职业动力后劲不足。由于民办高校教师专业发展道路不畅，存在"磨了刀不给你砍柴，要去给别人砍柴"的现象。保障民办高校教师队伍的稳定性，使民办高校教师享受与公办高校教师同等职级待遇的问题也不容忽视。民办高校教师职称评聘权益受损一定程度上也与其身份编制相关，而这种体制问题使民办高校教师社会地位难以提高。

一 职称评聘体系单一

民办高校教师职称评审标准没能体现民办高校及其教师的特殊性。从实际操作效果看，民办高校教师职称评聘权益受损问题依然存在。目前，教育部拥有高校教师职称评审（尤其是高级职称）审批权，即高校的教师职称评审权需要教育部审批。从 2013 年开始，副教授职称评审权的审批工作已下放到各省教育行政部门。据教育部教师司公布数据，截至 2012 年 12 月，具有教授职称评审权的高校有175 所，具有副教授职称评审权的高校有 123 所，全部为公办高校，民办高校没有职称评审权。在职称评审标准方面，民办高校教师职称评聘要求同公办高校类似：政治条件、任职时间、教学课时及质量、外语及计算机操作水平、学术论文或专著数量及刊物等级和承担科研课题的数量、级别及经费等。[①] 职称评审标准统一，没有体现民办高校及其教师的特殊性。与公办高校相比，我国民办高校多定位于培养实用型人才，服务于区域经济社会发展，重视"双师型"教师，师

---

① 赵和平：《学术水平才是职称评审的核心》，《中国社会科学报》2012 年 12 月 28 日，第398 期。

资多来自行业产业一线，生产实践活动较多，存在课题项目申请机会少、学术论文发表数量少、专著编写出版能力不足等现象。比如有国家级课题申请指南对项目申请团队提出需具备团队实力、研究基础、前期科研成果、研究文献资料、数据准备情况及仪器实验设备等科研条件，并详列项目负责人近几年作为第一负责人承担的与投标课题相关的重点项目情况，即其作为第一署名人发表的与投标课题相关的代表性研究成果。这些规定在门槛标准设置上已经排除了民办高校教师。当然，职称评聘困难也与民办高校科研条件差、科研氛围不够、自我效能感不高等因素有关。目前，我国民办高校中只有 5 所学校具备硕士研究生招生资格和硕士学位授予权，整体上来说民办高校科研团队建设比较困难。

二　教师专业发展受限

专业发展是民办高校教师职称评聘的基础。教师培训、科研项目申请、交流访学等专业发展过程是民办高校教师职称评聘的基础，没有这些辅助教师专业发展的条件，职称评聘就无法实现。民办高校教师专业发展仍存在很多问题。

1. 课题立项申请受歧视

调研发现，在申请国家和各地财政支持的科研课题时，民办高校及其教师未能得到与公办高校及其教师同样的公平的待遇。尽管有的民办高校在竞争中获得了课题，但课题经费没有下拨，学校只能自筹经费开展研究。这种现象在一定程度上影响了民办高校教师的专业发展。

2. 承担科研项目机会少、发表论文数量少、培训交流活动少

有研究者对上海 19 所民办高校教师调查，结果显示 2011 年和 2012 年，有 31.5% 的民办本科高校教师和 47.1% 的民办专科高校教师没有承担任何科研项目；40.2% 的民办本科高校教师和 50.7%

的民办专科高校教师没有发表过论文，发表过 3 篇以上论文的民办本、专科高校教师均只占民办高校教师总数的 4.3%；43.5% 的民办本科高校教师和 58.0% 的民办专科高校教师没有参加过任何学术交流活动，71.5% 的民办专科高校教师没有参加或只参加过一次培训。[①] 由此可见，民办高校教师在承担科研项目机会少、发表论文数量少、学术活动和培训次数少的情况下，职称评聘权益不能实现几乎是必然的。因此，民办高校教师在职称评审方面与公办高校教师条件同等，实质上是造成了新的不平等，从政策结果看，民办高校教师职称评聘难度远大于公办高校教师难度。

3. 民办高校教师培养培训仅靠学校一己之力，教师专业发展受限

调研发现，与公办高校相比，民办高校教师接受政府组织的培训的机会很少。一方面，民办高校教师培训机会少，培训内容没有针对性；另一方面，教师培训经费多由民办高校自掏腰包，公共财政几乎没有支持。因此，培养培训、科研经费配套和交流访学等有助于民办高校教师专业发展的工作不能仅靠民办高校一己之力，政府相关部门也需要采取更积极的措施。

4. 民办高校教师群体内部存在不公平现象

民办高校教师职称评聘指标分配、培训交流机会和科研项目申请在群体内部也存在不公平的现象。在具体背景信息方面，民办高校教师职称评聘权益实现在地区、年龄、最高受教育程度和职务因素方面存在显著差异。一般而言，民办高校为了培养骨干教师和中层管理干部，普遍重视 31~40 岁的中青年教师，也为其提供更多培养支持。尽管这些骨干教师享有更多的培训机会，但同时承担的教学任务也更重，面对统一的职称评审条件，这部分教师对职称评审

---

① 徐雄伟、高耀明：《民办高校学术职业现状的调查分析》，《高等教育研究》2013 年第 1 期，第 66~67 页。

权益受损可能有更深刻的体会，因此在职称评聘权益实现方面要显著低于其他教师。此外，在现行科研项目申请和职称评聘制度仍需完善的情况下，校领导或有其他职务的管理者在获取科研经费、培训培养机会和职称评审机会等方面，相比其他民办高校教师有更为便利的条件。因此，职务是影响民办高校教师职称评聘权益实现的一个因素。

三　受政策影响大

民办高校教师职称评聘和专业发展受各地政策影响大。浙江将民办学校教师全面纳入教师培训体系，要求"各地教育行政部门要将公办、民办学校校长、教师的业务培训纳入统一规划和管理，在培训经费、参加人次等方面，给予相同保障。市级民办学校骨干校长、教师的培训，由市教育行政部门给予保障"。同时强调，"民办学校要按照当年生均公用经费的10%和教职工工资总额的3%足额提取培训经费，用于本校教师培训"。[①] 在具体指标分配方面，温州市将民办学校教师职务职称评审、业务竞赛、评先评优等指标计划实行单列，确保评比结果中，民办学校教师能占有合理的比例。[②]

现行户籍制度和人事管理制度影响民办高校教师资格认定和职称评聘。在北京、上海、广州等特大城市的民办高校，教师资格认定、转正定级、职称评聘等方面实行户籍限制，被区别对待。此外，民办高校缺乏健全的教师人事管理制度，影响教师人事档案管理、教龄工龄连续计算、专业技术职称评定、户籍迁移挂靠和党团组织关系接收等。

---

① 浙江省人民政府：《浙江省中长期教育改革和发展规划纲要（2010～2020年）》，2010年12月22日。
② 中共温州市委、温州市人民政府：《关于实施国家民办教育综合改革试点加快教育改革与发展的若干意见》，2011年10月20日。

第二节　优化的新动向

一　提供更为明确的综合保障

原有人事管理制度对民办高校教师的资格认定、教龄工龄计算和职称评聘等形成阻碍。在当前的法律法规中，关于民办高校教师职称评聘权益的规定已经明确，且已配套资格认定、进修培训、课题申请、评先选优、国际交流等综合权益措施。

《高等教育法》规定："高等学校应当为教师参加培训、开展科学研究和进行学术交流提供便利条件。"《民办教育促进法》也提出，"民办学校教职工在业务培训、职务聘任、教龄和工龄计算、表彰奖励、社会活动等方面依法享有与公办学校教职工同等权利"。此后，伴随民办教育的发展，民办学校教师职称评审、培养培训和专业发展等问题引起政府和社会关注。2006年，国务院办公厅颁布的《关于加强民办高校规范管理引导民办高等教育健康发展的通知》明确要求"各地政府人事部门所属人才交流服务机构负责管理民办高校教师的人事档案。民办高校教师职称评定纳入省级高校教师职称评定工作范围，参照同级同类公办高校教师评聘办法和有关政策规定执行"。2012年，国务院颁布的《关于加强教师队伍建设的意见》提出要"依法保障和落实民办学校教师在培训、职务（职称）评审、教龄和工龄计算、表彰奖励、社会活动等方面与公办学校教师享有同等权利"。与此同时，教育部"22条意见"明确规定，"民办学校教师在资格认定、职称评审、进修培训、课题申请、评先选优、国际交流等方面与公办学校教师享受同等待遇"。

二 探索人事代理机制和专项扶持机制

针对民办高校教师职称评聘权益问题，各地民办高校和教育管理部门也进行了积极探索，主要创新举措是推进教育人事制度改革，探索民办高校人事代理制度，为民办高校教师职称评聘提供渠道；授予民办高校相应的职称评审权和人事档案管理权；通过支持民办高校教师专业发展，为其职称评聘奠定基础。

在创新人事管理制度方面，重庆、云南、贵州、广东、广西、内蒙古等地创新民办高校教师人事管理制度，规定民办高校教师的人事关系、档案由各级人事部门、人事代理机构代理，采用人事代理制度，[①] 为民办高校教师职称评聘扫除政策障碍。湖南省岳阳市规定，"民办学校教师在教师资格认定、业务进修、职称评定、表彰奖励等方面与公办学校教师同等对待，统一管理"。[②] 广西也出台《关于促进民办教育发展的意见》，规定"民办学校教师在资格认定、业务进修、职称评定、表彰奖励、科研立项、职业技能鉴定、人事档案等方面与公办学校教师同等对待，统筹管理"。另外，重庆为加强民办高校专职教师队伍建设，政府代为交纳五险一金，"鼓励优秀的教师终生服务于民办高校，其人事关系、档案等由各级人事部门人事代理机构管理，民办高校教师在资格认定和职称评审等方面与公办高校教师条件同等"。[③] 同时，政府制定了一个三年的培训计划，将举办者（出资人）、管理者和骨干教师培训纳入全市教师培训和校长岗位培训计划，统一安排，同等待遇。

---

① 人事代理指由政府人事部门所属的人才服务中心，按照有关政策法规要求，接受单位或个人委托，在其服务项目范围内，为多种所有制经济尤其是非公有制经济单位及各类人才提供人事档案管理、职称评定、社会养老保险金收缴等全方位服务，是实现人员使用与人事关系管理分离的一项人事改革新举措。

② 湖南省岳阳市人民政府：《关于促进民办教育发展的意见》，2008 年 2 月 20 日。

③ 重庆市人民政府：《关于促进民办教育发展的意见》，2008 年 6 月 12 日。

在职称评审权审批方面，2010 年颁布的《关于开展国家教育体制改革试点的通知》将吉林省华桥外国语学院确定为全国唯一一家"探索营利性和非营利性分类管理办法"的民办高校。为落实国务院法规，吉林省教育厅将华桥外国语学院列为省内重点高校，享受省内重点公办高校同等待遇，给予研究和实验序列的中、高级专业技术职务评审权，申请人评审由学校专业技术评聘委员会评审通过后，报省人社厅核准、发证。从 2013 年华桥外国语学院职称评聘通过人员名单看，通过教授职称评聘的有 3 人，副教授职称评聘的有 19 人，讲师职称评聘的有 22 人，助理研究员评聘的有 1 人。从职称评审过程看，华桥外国语学院符合相关条件的教师只需要在校内与其他申请人竞争职称指标，不需要与省内公办高校教师竞争，从而可以保证公平的评审结果。

陕西省把民办高校中级以上职称的评审纳入体制内，与公办高校同等对待。2011 年底，陕西省政府明确要求保障教职工合法权益，规定"民办高校教师在资格认定、职称评审、考核评价、评先选优等方面，与公办高校教师享受同等待遇。建立民办高校教师在职培训机制，培训经费由省财政按比例给予补助。建立健全民办高校教师人事代理服务制度，且必须保障教职工寒暑假期间，带薪休假的权利"。[①]

在民办高校教师专业发展方面，2012 年，陕西省教育厅把民办高校教师的培训纳入高校教师总体培训计划，组织实施民办高校"科研能力提升计划"和"教师能力提升计划"，并落实专项经费投入。"引导和支持民办高校教师开展科研与学术交流，培育和孵化科研成果，加大教师培养和引进力度。非营利性民办高校直接纳入项目预算申报省财政厅批复，拨付专项资金。同时要求有关高校安排落实

---

① 陕西省人民政府：《关于进一步支持和规范民办高等教育发展的意见》，2011 年 12 月 30 日。

配套资金。"① "民办高校教师能力提升计划"对民办高校教师分类分批进行有针对性培训，包括任职资格培训、青年教师培训、教师专题培训、学科专业教师培训和骨干教师访学等。将民办高校骨干教师纳入"高校青年骨干教师国内访问学者"计划，每年划出一定指标给民办院校教师。鼓励教师参加国家一般国内访问学者计划，并通过创立"陕西省青年教师访问学者项目"，让骨干教师开展为期一年的研修。除了国家青年教师国内访问学者和一般访问学者计划外，每年在省内为民办高校制定 200 名青年教师访问学者计划，推荐 100 名青年教师赴省外访学，进一步提升骨干教师的学术水平。在民办高校教师科研项目申请方面，陕西省开展民办高等学校科研能力提升计划，以科研项目研究和重点研究基地建设为抓手，面向民办高校中青年教师设立民办高校科学研究培育基金，引导和支持民办高校积极开展科学研究与学术交流，鼓励民办高校教师和科研人员积极开展科学研究与探索，设立专项基金奖励承担科研项目，取得发明创造、技术专利、高水平论著等成果的教师。

2012 年，上海市正式启动并实施民办高校"强师工程"，将民办高校教师纳入"教师专业发展工程"这一全市性的项目支持范围，给予民办高校与公办高校同等的支持。"强师工程"的开展，有利于民办高校教师专业发展和职称评定晋升权益的实现。上海市政府专门划拨 2000 万元，委托专业师资培训机构加强对民办高校青年教师和管理干部的集中培训。在此基础上，结合民办高校发展的特点和需求，开展针对民办高校教师的专项培训和科研工作，培养民办高校教师的专业发展能力，提高教师的教学科研意识，让教师把教学科研最新成果和成功的改革经验及时融入教学内容中。据统计，2012 年上海市共有 800 多人次的民办高校教师参加了培训。

---

① 陕西省教育厅：《关于实施民办高等学校能力提升工程的意见》，2012 年 8 月 29 日。

市教委将参加培训的人数、考核情况等作为对民办高校师资队伍建设专项资助的依据之一。"对于参加培训并获得证书的教师，学校承认其接受继续教育的经历，记入相关档案，并把培训取得的成果作为教师职称职务评聘的重要参考标准。此外，在保障民办高校教师申请课题立项，开展科研工作方面，上海仅在 2012 年就投入 1700 余万元专项资金资助 1000 余名民办高校骨干教师开展科研项目，投入 690 万元资助纳入'上海高校青年教师培养资助计划'的近 200 位民办高校教师，投入 900 万元资助民办高校开展青年教师科研项目、重点科研项目以及重大内涵建设科研项目。"[①] 同时，加强指导民办高校青年教师理解科研规范、提高科研动力，以科研成果丰富教学实践。

第三节 理顺的路径

一 将民办高校教师职称评聘纳入统一管理平台

教师职称评审是维持民办高校内部平衡的非物质诱因，是关乎民办高校教育教学和学术研究能否健康发展的关键问题之一，也是关乎民办高校教师专业发展前景及其切身利益的大问题，主要涉及职称评审权和评审标准的问题。将民办高校教师职称评聘纳入统一管理平台，使他们享受与公办高校教师同等待遇，批准民办高校教师职称评审权，符合教师专业技术职称制度改革的趋势。但是，应当关注民办高校教师职称评审现行标准过高和指标过少的问题，避免造成民办高校教师职称评聘与公办高校教师同等待遇形式下的结果性不公平。

---

① 上海市教委：《2012 年民办高校"强师工程"实施情况》。http：//www. shmec. gov. cn/web/jyzt/zygz11/jyzt_ show. html？ area_ id = 3005& article_ id = 68817，最后访问日期：2014 年 4 月 5 日。

二　制定体现民办高校教师特点的职称评聘标准

职称评聘权益实现方面的现状是民办高校教师评正高、副高职称普遍非常困难，指标和比例太少。被访者建议创新民办高校教师职称评定制度，实行分类管理，但评定标准不能等同于公办高校，因为有的民办高校的大部分师资来自产业一线。温州在将民办学校教师纳入与公办学校教师相同的培训计划的同时，将民办学校教师的职务评审、业务竞赛、评优评先等指标单列，为民办学校教师职称评聘提供了更公平的机制。还有被访者建议民办高校可以自行评职称并让教师享有相应待遇，但如何解决课题申请、评优评奖的同等待遇问题，需要政府出台相应政策。民办高校教师在职称评定、队伍的科研与教研能力提升方面也没有优势，无论是国家级还是省级的科研项目都对这几个方面有相应的限制。

三　拓展民办高校教师专业发展空间

专业发展是民办高校教师职称评聘的保障。针对专业发展问题，有被访者建议将民办高校教师的培养和培训纳入统一规划当中，让民办高校教师享有与公办教师同等的培训待遇，可实行政府和学校的费用分担机制。政府应从法律和政策的角度切实保障民办高校教师合法权益，比如进修访学、国际交流等方面民办高校教师也应和公办高校教师享受同等待遇。应鼓励公办、民办高校之间的教师挂职交流，鼓励民办高校教师到企业挂职锻炼，等等。民办高校可以以特色专业和优势学科建设来拓宽教师专业发展空间，从而推动教师队伍建设。总之，民办高校应该充分发挥体制机制灵活的优势，打破教师管理的制度壁垒，构建多元化师资队伍，做到以事业留人、待遇留人、感情留人、文化留人。

第七章

民办高校教师参与管理不深与体制健全强化

当前，民办高校教师参与学校民主管理权益的实现程度较低，约有70%的民办高校教师认为学校管理过程中人文关怀不够，自身的组织认同感不强，管理参与机制不健全，参与渠道不畅通。从现有法规政策的规定看，与其他权益相比，关于民办高校教师参与民主管理权益的内容最少，这也可能是造成民办高校教师民主管理权益没有全面实现的原因。

第一节　成因分析

一　民主决策和民主管理体制机制不健全

民办高校内部民主决策机构形同虚设或不健全，决策过多体现举办者（出资人）的利益诉求，民主监督机制缺失。本研究调查显示，仅有26.48%（242人）的教师认为学校有健全的教师参与管理的机制。关于民办高校内部决策机构问题，《民办教育促进法》第19条、第20条和《民办教育促进法实施条例》第9条、第16条的规定虽然比较全面，但多是原则性的规定，可供操作的内容不多，从而导致这些规定很难在实际操作中落地。许多民办高校决策机构不健全,学校网站也没有董事会的相关介绍,有的不仅没有董事会或理事会,甚至连实际的负责人都难以找到。有的民办高校虽建立了董事会,但是董事会的组成不规范、职责不明确、决策程序不完善、活动不正常,有的董事因种种原因不能履行职务。董事会形同虚设,影响民办高校民主管理,教师参与学校民主管理的渠道受阻。

民办高校教师参与学校民主管理机制不健全,参与机会少且参与意愿不高。调研发现,部分民办高校教师认为应该建立合理科学的内部治理结构,形成举办者、董事会、校长、校务会、党代会、教代会之间的协商沟通机制,行政权力和学术权力之间应相互制衡和分工。但是目前民主管理的机制不健全,渠道不畅通,普通教师不知道通过什么形式参与学校的民主管理。有研究者调查了湖南 5 所民办高校的教师,有 50% 的教师认为自己没有参与学校民主管理的机会,另有50% 的教师认为偶尔有机会参与学校的民主管理。同时,约有 70%的教师认为学校管理不够民主,约 60% 的教师认为学校民主管理流于形式。教师对于教职工代表大会和工会的作用不了解,教代会等制度没有发挥实质性作用。[①] 2012 年,有统计显示,我国 98% 的公办学校都建立了教代会制度,但仅有约 40% 的民办学校有工会制度。此外,民办高校教师参与学校民主管理的意愿和对学校的归属感也影响其权益实现。

二 举办者办学理念和内部管理制度不科学

1. 举办者办学理念的影响

有些民办高校举办者(出资人)管理理念保守,认为学校是私人产业,有的民办高校举办者甚至将学校视为集团公司的子公司,忽

---

① 张文珠:《我国民办高校教师权益维护研究》,硕士学位论文,湖南大学教育科学研究院,2011,第 26 页。

视民办高等教育发展规律。家族化管理、家长制作风、企业式经营比较普遍。因此，直接受聘于董事会的学校管理者不能切实落实管理职权，教师话语权和参与权也不能得到充分尊重。民办高校在发展的初期阶段或创业阶段，家族化管理是功不可没的。假如不是某一个群体或者某几个个体承担了常人不能承担的责任，克服常人不能克服的困难，民办高校是发展不到现在的，这是家族化管理在创业初期阶段对民办高校发展的巨大贡献。但是，伴随民办高等教育的发展，民办高校内部治理体系需要更加完善。

我国民办高校办学主体较为复杂，相关法律法规对举办者（出资人）和办学者（管理者）责权关系规定不明，学校内部领导体制缺乏合理的规章制度来保证、约束举办者或办学者的行为。因此，家族出资办学校，实行家族化管理的现象较为普遍，"民办"成了"家办"。家族化管理类似早期的民营企业，严重影响民办高校健康发展。

2. 人文关怀不够

民办高校行政管理显现出强调效益和可量化的特点，教师的教学科研工作评价有"计件管理"色彩，学校管理过程中人文关怀不够。本研究调查显示，仅有23.66%（245人）的民办高校教师认为"学校充分尊重教师的话语权和民主参与管理权"，69.03%（709人）的教师认为学校管理人文关怀不够。教职工代表大会等民主管理制度不能较好发挥作用，仅有17.33%（178人）的教师认为教代会等制度发挥作用明显。

此外，地区、年龄、职务、办学层次和受教育程度等因素影响民办高校教师参与学校民主管理权益实现，其中31～40岁的骨干教师和没有管理职务的教师参与民主管理的作用有限。分析发现，不同地区和学校的教师参与民主管理权益实现各有不同，主要受学校实际管理者理念和对教师参与学校民主管理的重要性的认识等因素影响。学期内承担教学任务重、对学校的归属感不强、工作满意度不高、参与管理的责任感欠缺等个体因素也影响民办高校教师民主管理权益实现。

第二节　体制健全的动向

一　由内部保障向外部监督转变

对于民办高校教师参与学校民主管理，最初由学校内部建立教职工代表大会等民主管理制度来实现，但从实际工作中，民办高校民主管理制度不健全，教师参与渠道不畅，参与范围不广，参与意愿不强。因此需要建立监事会制度，推进校务向教师、社会公开等外部监督形式的介入。

现有法律法规仍较多关注民办高校内部民主管理制度的完善。1993 年 10 月 31 日通过的《教师法》明确规定，"教师享有对学校教育教学、管理工作和教育行政部门的工作提出意见和建议的权利，并通过教职工代表大会或者其他形式，参与学校的民主管理"。《教育法》就教师参与学校民主管理的权利予以保障，规定"学校及其他教育机构的举办者按照国家有关规定，依法接受监督，可通过以教师为主体的教职工代表大会等组织形式，保障教职工参与民主管理和监督"。《高等教育法》也明确要求，高等学校"通过以教师为主体的教职工代表大会等组织形式，依法保障教职工参与民主管理和监督，维护教职工合法权益"。《民办教育促进法》规定，"民办学校依法通过以教师为主体的教职工代表大会等形式，保障教职工参与民主管理和监督"，"民办学校的教师和其他工作人员，有权依照工会法，建立工会组织，维护其合法权益"。2011 年，教育部发布《学校教职工代表大会规定》，要求民办学校参照执行。2012 年，国务院出台《关于加强教师队伍建设的意见》，要求"建立健全教职工代表大会制度，保障教职工参与学校决策的合法权利，完善教职工参与的科学民主决策机制"。该意见也主要是强调公办学校的教代会制度，对于民办高校同样没有明确要求。在民办学校内部治理结构方面，教育部"22 条意见"明确要求民办学校"完善董事会议事规则和运行程序，要切实加强民办学校党的建设工作，实现民办高校党组织全覆盖，充分发挥民办学校党组织政治核心作用，健全民办高校督导专员制度，建立民办学校教职工代表大会制度"。

实际上，为实现民办高校教师参与学校民主管理的权益，相关法律法规在关注学校内部保障的同时，也在更加重视外部的监督和问责。

二　探索民主管理制度创新

在地方探索方面，陕西省要求民办高校规范董事会议事规则和运行程序。建立民办高校监事制度，促进理事会决策的民主化、科学化、规范化。陕西省于 2011 年 11 月 8 日率先制定了《民办高校教职工代表大会实施办法（试行）》，要求"凡教职工 100 人以上的民办高等学校，都应建立教代会制度。教职工不足 100 人的学校，建立由全体教职工直接参加的教职工大会制度"。在当前民办高校教师对教代会制度不了解的情况下，实施办法更重要的意义是明确了教代会主要职权，为保障民办高校教师参与学校民主管理提供了明确保障。上述实施办法规定民办高校教代会的主要职权有："一是听取和审议校长工作报告、学校建设发展规划、教育教学改革方案、教职工队伍建设方案、财务预决算以及事关学校发展的重大问题等；审议通过学校提出的教职工聘任考核办法（劳动用工制度、集体合同草案）、工资标准、奖酬金分配办法、职称评定办法等与教职工切身利益有关的改革方案、重大规章制度等；审议决定有关教职工生活福利的重大事项；民主评议学校行政领导干部。二是学校董事会（理事会）和行政在制订重大改革方案时，应事先向教代会代表团（组）长联席会通报有关情况，广泛征求教职工意见。三是学校制定有关教职工工资标准、奖惩办法以及生活福利等重大方案时，学校决策机构要与教代会代表充分协商，广泛听取教职工意见，提交教代会进行讨论。四是教代会对校级行政领导干部每3年至少要进行一次评议，对处级干部每2年至少要进行一次评议。"此外，实施办法还对教代会筹备、代表产生、院系实施、提案工作和教代会常设机构做出了具体规定，为实现民办高校教师民主管理权益提供了路径。

江苏三江学院在学校民主管理领域，实行理事会领导下的校长负责制，首创"闭环式"运行机制，实现教师全员参与，校长民主推选。该校由全体教职工选举产生教职工代表，组成教职工代表大会—由教职工代表大会选举产生理事，组成理事会—由理事会选举产生理事长—由理事长聘任校长—校长聘任副校长、中层管理干部和全体教职工。从源头看，全体教职工是民办高校的主人，全程参与了学校领导和管理干部的产生，有效实现了民主管理权益。

第三节　强化的路径

教师参与民主管理是现代民办高校管理的重要特征，教师参与学校民主决策、民主管理和民主监督是维护学校内部平衡，尊重教师利益相关者主体地位的具体体现。赋予民办高校教师民主参与、民主管理和民主监督的权利，有利于加强对学校教学和管理工作的监督，提高教育管理的民主化，增强教师的共同治理的责任感，提高教师工作的自觉性和积极性。实现民办高校教师民主管理权益可从完善内部治理结构、明确各方职责、健全民主管理参与机制等方面入手。

一 完善内部治理结构，营造良好参与氛围

完善民办高校内部治理结构和法人治理结构，为民办高校教师参与学校民主管理提供制度保障。在内部领导体制方面，依法设立理事会或董事会作为学校的决策机构，保障校长依法行使职权；逐步推进监事制度，加强对民办高校的监管；严格落实相关法律法规对学校内部领导体制的要求，并对具体领导活动进行监督，确保已经建立的内部领导体制正常、健康、顺利运行。要建立健全民办高校内部领导体制、教学管理体制和民主决策体制，加快学校管理活动的程序化、公开化和透明化建设步伐。

理顺民办高校举办者（出资人）、董事会、管理者、教师等各方关系，明确权责，互相制衡，防止出现家族化管理现象，保障民办高校教师话语权，营造良好的管理参与氛围。通过共同的愿景、以人为本的办学理念和民主管理氛围提高民办高校教师对学校目标和制度的认同感，激发教师参与民主管理的使命感，使学校内部形成较强的内聚力。

二 健全教师参与机制，提高教师参与意愿

教师共同参与协商、共同治理学校的有效机制，以及教师参与学校民主管理的广度和深度是衡量民办高校民主管理的重要标准。教职工代表大会是民办高校教师参与学校民主管理、民主监督的重要渠道。教师工会是维护教师合法权益的组织，有权纠正学校违反教代会制度和其他民主管理制度的行为，从而保障教师依法参与学校民主管理。因此，在制度设计和运行机制上，民办高校应依法设立教师工会组织和教职工代表大会，为教职工依法参与学校民主管理，维护自身合法权益提供参与路径。

同时，民办高校建立健全校务公开机制，可以拓展教师参与民主

管理的空间。要将涉及学校关键决策、教师切身利益等方面的问题向全体教职工公开，为教师参与提供畅通的渠道。

当然，对于实现民办高校教师民主管理权益，不仅仅需要政府监督落实、举办者（出资人）和学校管理者重视教师地位，而且需要教师充分发挥积极性和主动性，需要教师有较强的对学校的归属感和共同参与的责任感。

第八章
民办高校教师权益实现的对策建议

当前，我国民办高校教师队伍建设领域的矛盾集中凸显，教师权益问题未能得到及时有效解决。原因有：利益相关者不敢担当，遇到矛盾和问题绕道走，存在观望、推诿现象；化解矛盾的办法不当，用老办法解决新问题；民办高校教师权益的保障体制不健全，政策长期得不到落实；等等。政府、举办者（出资人）、教师和社会等利益相关者需要妥善解决民办高校教师身份地位问题，切实提高他们待遇，健全职称评聘机制，鼓励教师积极参与学校民主管理，把实现民办高校教师权益作为民办高等教育事业发展最重要的基础性工作，注重从权利要求和利益诉求两方面保证民办高校教师权益实现既有目前的通畅渠道，同时又有可持续的提升渠道。民办高校教师权益实现需要法律法规保障、政府制度创新、多方共同参与、政策合理设计和市场机制发挥作用，才能实现教师权益保障主体多元化和保障方式多样化。

第一节　民办高校教师权益实现的法规政策环境

一　修订完善民办高等教育法律法规

尽管有较多的法律法规对民办高等学校及其教师权益做出了相关

规定，但在实践探索中，民办高校教师权益问题长期得不到全面落实。实际上，民办教育的法律制度主要有两种：民办教育权利类法律制度和民办教育秩序类的法律制度。从民办教育权利类的法律制度来说，政府应该更少地干预，让民办教育的主体享有更多的自由。而从民办教育秩序类的法律制度角度出发，政府应该有更多的干预，为民办教育改革和发展营造良好的秩序环境。因此，一方面要加强民办教育权利类的法律制度建设，保障民办高校法人地位及教师合法权益，消除民办高校教师权益实现的法律障碍；另一方面，也要规范民办教育发展秩序，通过法律手段引导民办高校教师权益实现。

在法律法规修订完善过程中，应重点调整营利性和非营利性民办高校法人登记类型，破除将非营利性民办高校登记为"事业单位"或"民办事业单位"，将营利性高校登记为"企业法人"的法律障碍。

修订完善相关法律法规，需要找到各利益相关者的利益结合点和最大公约数，尊重各方权益诉求。应邀请民办高校举办者（出资人）、管理者、教师和专家学者等利益相关者参与修订讨论，充分征求、吸收各方意见，明确各方责任，确保民办高校教师权益实现有法可依，有章可循。

二　确保民办高校教师权益保障政策落地

民办高等教育是我国高等教育事业的重要组成部分，具有社会公益性质，政府理应承担民办高校教师权益实现的相应责任，不应只是监督者，还应出台相关政策进行扶持。

因此，民办高校教师权益实现，需要地方政府出台具体政策，细化实施办法。研究并制定进一步促进民办教育发展的相关政策，建议将构建民办教育协调机制、细化分类管理、制定分类扶持政策、实行政府购买服务、设立教育发展专项资金等民办高校及其教师期盼已久的政策细化落地。

政策制定过程中，应从利益相关者视角出发，构建政府、举办者（出资人）和教师合作伙伴关系，并分担相应责任。各方应不观望、不推诿，充分调动利益相关者的积极性，用利益增量来满足各自的诉求，从而使民办高校教师权益实现的政策落地。政府应加强政策落实督导，全面清理对民办高校教师的各项歧视性政策，解决民办高校教师权益实现过程中遭遇的"玻璃门""弹簧门"问题。在当前形势下，民办高校面临新的机遇和挑战，迫切需要进一步改善民办高等教育的发展环境，寻找民办高校新的增长点和发展空间。

第二节　民办高校教师权益实现的基本思路

一　厘清问题，逐步实现

没有调查就没有发言权，民办高校教师权益问题牵扯利益多，解决问题的过程缓慢，不明晰问题根源就没有改进的抓手。因此，推动民办高校教师权益实现的一个前提是开展全面调查研究，深入分析民办高校教师权益实现现状，梳理阻碍因素，对现存问题提出针对性建议，进一步细化分类，分阶段、分步骤地落实政策。

当前民办高校教师权益的受损，主要表现在身份地位、薪酬待遇、社会保险、职称评聘和参与民主管理等方面。要基于调查研究结果和民办高校教师不同层次、不同顺序的权益需求，进行递进激励。身份地位为教师权益之本，薪酬待遇是教师权益之源，社会保险是教师权益之基。因此，实现民办高校教师权益首先要明确民办高校的法人属性，提高其教师的法律身份和地位，其次是加大社会保障力度，使民办高校教师享有与公办高校教师同等的社会保障，最后需要提高教师薪酬待遇，增加职称评聘机会，为其专业发展提供平台，并通过制度完善鼓励教师积极参与学校民主管理。

二 分类扶持，区别对待

按照民办高校注册登记的法人性质，对其教师权益实现采用分类扶持、区别对待的方式，在营利性和非营利性民办高校分类扶持框架下，选择教师权益实现的不同政策，建立不同的体制机制。对不同性质的学校实行不同的财政资助政策，在教师权益实现方面制定并实施符合学校特点和发展需求的配套政策，坚持体现公共财政的公共性和公益性原则，坚持分类管理、分类扶持。重点扶持非营利性、高质量、有特色的民办高校，引导举办者（出资人）举办不要求回报的非营利性民办高校，率先切实保障教师权益。另外，分类扶持还应该体现在教师不同的背景信息方面，为引导、鼓励教师在民办高校任教，可根据其在民办高校工作年限、社保缴纳年限和职衔层次等，采取积分制等方式设置阶梯式教师权益实现政策。

当然，分类扶持要防止在鼓励非营利民办高校教师权益实现的同时，引发新的对营利性民办高校教师的制度性歧视。鉴于民办高校的公益性质，应将两类民办高校教师统一纳入与公办高校教师同等待遇的培养培训、评奖评优、职称评审计划，不能因学校性质不同而区别对待。

三 属地为主，中央为辅

一方面，民办高校教师权益实现过程中的综合性和复杂性，要求做好顶层设计和政策框架，中央政府相关行政部门需要在政策上打通阻碍，竭尽全力营造公平公正的民办高校教师权益实现环境。在注重顶层政策设计的同时，鼓励地方政府大胆探索。我国各地经济社会发展状况和民办高等教育发展实际情况差异显著，中央政府在研究制定民办高校教师权益实现的宏观政策时，需要留有余地，为地方改革创新留出探索空间。

另一方面，民办高校在提供多样性教育机会、缓解财政性教育经费不足、培养大批应用型人才等层面，为区域社会经济发展做出了巨大贡献。因此，基于民办高校发展定位的考虑，民办高校教师权益实现应遵循"属地管理"的原则，地方政府应发挥主导作用，尤其应在教师编制、薪酬待遇、社会保险和职称评聘方面，发挥更为积极的作用。

四 共同治理，协同推进

民办高校教师权益实现需要政府、举办者（出资人）、教师等利益相关者共同参与治理，共同分担任务。各利益方应建立新型的合作伙伴关系，在不同权益领域发挥相应的作用，将"利益相关者"政策贯穿于民办高校教师权益实现的全过程。加强政府、民办高校和教师的互动，但互动不能限于表面、流于形式，不能只参与不介入，互动的目的是为民办高校教师解决在权益实现过程中所遇到的实实在在的问题。

同时，民办高校教师权益实现涉及人力资源和社会保障、机构编制、发展改革、财政、公安、民政、工商等多个部门，牵扯利益众多，部门间职责不同，政策依据不一，单独依靠教育部门难以协调，政策的执行往往遇到困难。这需要建立健全各部门之间的沟通协调机制，强化指导督促，形成责权明确、分工协作、齐抓共管的工作格局，及时研究解决民办高校教师权益实现过程中的突出矛盾和重大问题。

五 政府有为，市场发力

促进民办高等教育健康发展，实现民办高校教师权益是政府的重要职责。政府在政策引导和财政扶持方面，具有相对优势。在教师身份地位、基本养老保险、医疗保险、职称评聘和参与学校民主管理方面，政府应发挥更多的积极作用。

需要重视的是，民办高校是利用民间资本面向市场举办的学校，教师权益实现的本质是教育资源合理配置，因此需要充分发挥市场作用。民办高校要密切关注市场需要和教师需求，积极拓展办学经费筹资渠道，建立教师权益保障经费和成本在政府、学校和个体之间的合理分担机制；根据教师权益要素进行成本分类，明确成本承担主体和支出责任，吸引更多民间资本进入，建立和完善经费筹措和资金运筹机制，为教师权益实现奠定坚实的物质基础。尤其是在教师薪酬待遇、企业年金、职业年金、商业保险等方面，遵循市场规律，不断提高教师工资待遇，积极探索采用股权交易等激励手段来促进教师权益实现的机制。

第三节 民办高校教师权益实现的途径及措施

一 政府履行管理职能，有效发挥调控作用

明确中央与地方各级政府的职责，积极发挥调控作用，建立健全相关体制机制，加强公共财政扶持，为民办高校教师的身份地位、薪酬待遇、社会保障、职称评聘和民主管理等权益提供强有力保障。

第一，转变政府职能和服务理念，改进管理方式，切实履行政府治理民办教育事务的职能。树立有限、责任、法治、服务的理念，对民办高等教育实行包容性管理、服务性管理、协作性管理和保障性管理。政府履行管理职责时，也要承担相应责任。把解决影响民办高校改革发展的突出问题和教师最关心、与教师最直接、最现实的利益问题作为突破口，及时协调民办高校教师各方面、各层次的利益，把民办高校教师满意不满意作为创新民办高等教育治理机制的出发点和落

脚点，依靠教师开创新时代民办高等教育发展的新局面。

第二，鼓励和引导社会资本以多种方式进入高等教育领域，拓展民办高校筹资、融资渠道，建立和完善资金运筹机制，使更多经费用在教师身上，为民办高校教师权益实现奠定物质基础。构建教育系统内部和外部多部门组成的综合协调机制，为民办高校教师权益实现扫除体制机制障碍。建立公办高校、民办高校教师权益保障一体化发展机制，推进高校教师身份地位、薪酬待遇、社会保险、职称评聘和民主管理等方面的公办、民办一体化。

第三，完善差额补助、定额补助、专项补助、科研补助、奖励性补助等公共财政支持政策，为民办高校教师权益提供多样化实现方式。设立中央、省级和地市三级政府民办教育专项资金，用于支持民办高等教育发展，部分用于建立教职工年金制度及加强教师队伍建设和骨干教师培养等项目。专项资金纳入财政预算，与同级财政收入同步增长，每年安排一定比例的专项资金，优先用于民办高校教师薪酬待遇、社会保险和教师交流培训等权益保障。加强专项资金监管，拨付民办高校的教师权益保障专项资金，按照要求进行学校专项资金专户管理，专款专用，学校的会计核算系统要对专项资金按项目、按预算进行单独核算。政府可以通过民办高校财务监管平台对资金的流向和使用情况实施监管，并加强对民办高校教师权益保障专项资金使用的绩效评价。

第四，明确民办高校法人属性及其教师的身份地位，提高民办高校教师的职业吸引力。非营利性民办高校登记为"民办事业单位法人"或"自收自支事业单位法人"，教师编制比例应与本地同级同类公办高校大体平衡。民办高校教师可按公办高校教师标准参加社会保险，基本退休费以档案工资为依据，享受与公办高校教师同等的退休待遇，为此政府应给予民办高校教师一定比例的补贴。营利性民办高校登记为"民办非企业单位"或"企业单位法人"，政府给予相应比例的事业编制，不符合规定的教师可以参加企业职工社会保险。政府通过购买服务鼓励学校建立企业年金制度，提高教师退休后的养老金。

第五，加大政府购买高等教育服务的力度，建立健全政府购买高等教育服务机制，健全政府补贴、助学贷款、基金奖励、捐资激励等制度。以不增加民办高校和举办者的经济负担为限，鼓励民办高校保障教师合法权益。当地政府通过购买服务方式，使民办高校完善相应的社会保障制度，鼓励有条件的地区和学校为教师办理补充（补贴）养老保险和补充住房公积金。逐步建立和完善营利性民办高校教师退休基本养老金的正常增长机制。完善政府、举办者（出资人）和教师合理分担的基本养老保险和医疗保险筹资机制，统一公办、民办高校教师基本社会保险财政补助标准，按照教师的职业身份来提供社会保障，而非其所供职单位的属性。

第六，将民办高校教师队伍管理和发展纳入教育系统，实行整体规划。逐步下放民办高校教师职称评审权，探索建立分类评价、民办高校自主评聘、政府宏观管理监督的民办高校教师职称评聘制度。制定符合民办高校教师职业特点和队伍实情的职称评聘标准，鼓励民办高校结合自身发展特点，自主制定教师职称评聘标准，自主组建评审组织。同时，确保教师职称评聘工作公平、公正、公开，民办高校执行公示制度，接受全体教师的监督。赋予民办高校相应的人事关系和档案管理权限，无此权限的学校由各级人事部门、人事代理机构代理，所产生的费用由政府财政进行适当补贴。建立民办高校与公办高校教师合理流动机制和民办高校教师的社会保障机制，让民办高校的教师在办理调动、转正定级、职称评聘、业务进修、医疗保险、社会保险等方面享受与公办高校教师同等待遇。单列或增加民办高校教师课题立项申请机会和比例，帮助民办高校分类培训教师，培养学科带头人和骨干教师，以帮助教师实现专业发展。

二 学校负起办学责任，切实实现教师权益

教育以学生为本，办学以教师为本。民办高校及其举办者（出资人）应树立"以人为本"的办学理念，充分重视教师的地位和作用，完善学校内部管理机制，健全教师管理体系，加强资源配置管理，确保经费优先用于教师队伍建设，创新以教师为核心的民办高等教育改革与发展新模式。

第一，完善民办高校内部民主管理制度。依法设立民办高校董事会（理事会），实行董事会（理事会）领导下的院（校）长负责制。规范民办高校董事会（理事会）成员构成，限定学校举办者（出资人）代表的比例，增加教师代表比例，使教师对涉及自身权益的事务有发言权和决策权，从而落实多方集体协商学校事务的制度。依法通过以教师为主体的教职工代表大会等形式，保障教职工参与民主管理和监督的权益，每年定时召开教职工代表大会，完善提案制度。逐步完善民办高校教师工会组织，使之具有相对独立性，充分发挥其积极作用。建立健全民办高校教师权益救济机制，保障矛盾化解渠道顺畅。培育民办高校教师权益意识，使教师具有参与意识、民主意识、监督意识和维权意识，组织教师依法、理性、有序参与民办高校治理。

第二，不断提高教师薪酬待遇，兼顾群体内分配公平。参照同级同类公办高校教师绩效工资标准，提供符合民办高校教师职业特点的工资待遇。建立教师工资的正常增长机制，使工资水平与公办高校教师工资水平相当，并与国民经济发展相协调、与社会进步相适应。按照同工同酬的原则，完善基础工资档案，落实民办高校教师岗位绩效工资制度。民办高校应积极筹措资金，保障教师工资待遇所需经费，坚持多劳多得、优绩优酬、倾斜一线、倾斜骨干、倾斜长教龄工龄的分配原则，完善内部分配办法，提高教师工作积极性。

第三，构建多层次的社会保障体系。按规定为教师足额缴纳养老保险、医疗保险、失业保险、工伤保险、生育保险和住房公积金。根据学校发展情况，提供教师职业福利，为本校人员及其家属提供职业福利和住房保障（补贴）。完善补充养老保险制度，如企业年金、职业年金和商业保险制度，构建民办高校教师多层次社会保障体系。

第四，营利性高校探索将部分剩余索取权转让给教师，允许教职工持股。通过权利重新配置，用剩余索取权来激励代理人，既增加教师收入，又调动教师工作积极性，最终形成资本所有者和劳动者利益共同体。

第五，成立教师发展研究中心，加强教育教学指导和学术研究，为教师交流培训、科学研究、职称评聘和专业发展提供平台。完善课时授课和学术休假制度，保证教师的正常休息休假权益。成立教师权益办公室，负责教师权益保障相关事宜，为教师权益实现提供有力保障。

三 行业组织提供专业服务，助推教师权益实现

利用行业组织的中立、协同优势，多层面、多方式提供专业服务，有力推动民办高校教师权益的全面实现。

第一，民办高校教师积极参与。努力提高教育教学水平，提高自身权益维护意识和能力；加强组织认同感、教学责任感和主人翁意识，积极参与教职工代表大会，通过提案等形式实事求是地反映意见，行使监督权、民主管理权。

第二，行业组织广泛宣传民办高校教师先进事迹，营造保障民办高校教师权益的良好社会氛围。充分发挥行业协会和工会的作用，扩大社会力量参与民办高校的管理与监督的渠道，积极联合企业行业参与民办高校教师培养培训过程。对长期在民办高校从教、贡献突出的教师，予以表彰奖励，积极宣传民办高校教师权益实现的先进典型、

改革成果和发展成就。

　　第三，建立民办高校教师权益实现定期督导检查制度。加强民办高等教育行业组织建设，以中立的立场发挥第三方研究和评估职能。加强国际比较研究，学习借鉴发达国家私立高校教师权益保障经验，为实现教师权益提供理论指导和政策咨询服务。搭建政府、社会和民办高校之间的桥梁，探索民办高校教师权益实现新模式，促进民办高等教育改革和发展。健全民办高校督导专员制度，把教师权益实现程度作为民办高校评估的标准之一。建立第三方民办高校教师权益实现定期督导检查制度，把民办高校教师权益实现情况作为民办教育督导的重要内容，并公告督导结果，推动各项教师权益保障政策和措施落实到位。

参考文献

中文著作

〔美〕爱德华·弗里曼:《战略管理:利益相关者方法》,上海译文出版社,2006。

〔英〕安东尼·史密斯:《弗兰克·韦伯斯特:后现代大学来临》,北京大学出版社,2010。

〔英〕波特·马金等:《组织和心理契约》,王新超译,北京大学出版社,2000。

陈鹏、祁占勇:《教育法学的理论与实践》,中国社会科学出版社,2006。

陈永明:《教师教育研究》,华东师范大学出版社,2002。

〔美〕戴维·波普诺:《社会学》,中国人民大学出版社,2006。

方振邦、徐东华:《战略性人力资源管理》,中国人民大学出版社,2010。

郭咸纲:《西方管理思想史》(第四版),世界图书出版司,2010。

〔美〕加里·贝克尔:《人力资本理论:关于教育的理论和实证

分析》，郭虹等译，中信出版社，2007。

教育部中央教育科学研究所课题组：《教师权益手册》，人民出版社，2007。

〔英〕肯·布莱克默：《社会政策导论》，隋玉杰等译，中国人民大学出版社，2009。

李中斌等：《人力资本理论与实证研究》，华龄出版社，2006。

林小英：《教育政策变迁中的策略空间》，北京大学出版社，2012。

刘翠兰：《民办高校教师薪酬制度与薪酬激励研究》，山东大学出版社，2011。

刘丹：《利益相关者与公司治理法律制度研究》，中国人民公安大学出版社，2005。

刘美玉：《企业利益相关者共同治理与相互制衡研究》，北京师范大学出版社，2010。

刘昕：《现代企业员工关系管理体系的制度分析》，中国人民大学出版社，2004。

卢现祥：《西方新制度经济学》，中国发展出版社，1996。

〔美〕罗伯特·M.赫钦斯：《美国高等教育》，汪利兵译，浙江教育出版社，2001。

〔英〕迈克尔·夏托克：《成功大学的管理之道》，北京大学出版社，2006。

聂锐、张燚：《高校与利益相关者互动发展的组织创新与行为调试研究》，中国经济出版社，2011。

〔美〕切斯特·巴纳德：《经理人的职能》，中国社会科学出版社，1997。

〔美〕切斯特·巴纳德：《组织与管理》，詹正茂译，中国人民大学出版社，2009。

秦梦群：《美国教育法与判例》，北京大学出版社，2006。

涂端午：《高等教育政策生产》，北京大学出版社，2012。

王国顺等：《企业理论：契约理论》，中国经济出版社，2006。

王建民：《战略人力资源管理学》，北京大学出版社，2009。

肖玉梅：《高等教育行政管理》，中国人民大学出版社，2006。

袁振国、周彬：《中国民办教育政策分析》，中国社会科学出版社，2003。

张兴：《高等教育办学主体多元化研究》，上海教育出版社，2003。

周世厚：《利益集团与美国高等教育治理——联邦决策中的利益表达与整合》，中央编译出版社，2012。

朱晓娟主编《教师权益维护法律实务与案例评析》，东北师范大学出版社，2011。

学位论文

查明辉：《中国民办高等教育发展模式选择研究》，南开大学博士学位论文，2010。

戴坤星：《转型时期我国民办高等教育政策失真问题研究》，南京师范大学硕士学位论文，2005。

胡璇：《民办高校教师资源配置充足度研究》，华中科技大学硕士学位论文，2007。

李华秀：《民办高校教师权益保障研究》，湖南大学硕士学位论文，2009。

吕迪：《我国民办高校师资队伍建设研究》，吉林大学硕士学位论文，2013。

岳鲁锋：《民办高校教师权利保障研究》，扬州大学硕士学位论文，2008。

左延彬：《论民办高校教师的权利保障》，河北师范大学硕士学位论文，2011。

中文期刊

曹剑：《对优化我国民办高校师资队伍的思考》，《当代教育论坛》2005 年第 19 期。

陈洁、黄清云：《民办高校教师流失的归因与应对》，《中国高等教育》2008 年第 Z2 期。

陈静：《民办高校：高等教育的未来增量》，《中国社会科学报》2012 年 10 月 24 日。

陈静：《我国民办高校教师的困境及激励措施——基于马斯洛需要层次理论视角》，《浙江树人大学学报》（人文社会科学版）2013 年第 5 期。

陈兴德：《从陕西看我国民办高等学校师资队伍建设》，《西北大学学报》（哲学社会科学版）2005 年第 3 期。

陈伊生：《民办高校教师权益保障问题初探》，《吉林省教育学院学报》（中旬）2012 年第 10 期。

陈永明：《日本大学教师聘任制的特征及其启示》，《集美大学学报（教育科学版）》2006 年第 2 期。

陈永明：《日本大学教师权益保障论》，《外国教育研究》2006 年第 11 期。

崔桂华、贾凌昌：《江西民办高校教师队伍建设存在的问题及对策》，《江西教育科研》2007 年第 11 期。

董明华：《建立民办高校教师社会保障制度的障碍分析》，《四川职业技术学院学报》2006 年第 1 期。

董明华:《民办高校社会保障机制对教师流失的影响分析》,《教学研究》2005 年第 5 期。

董圣足:《美国私立高等教育的特点及启示》,《北京城市学院学报》2007 年第 1 期。

董弋芬、黄福伟:《民办高校师资队伍建设管窥》,《浙江树人大学学报》2001 年第 2 期。

杜芳、蔡文伯:《利益共同体视角下民办高校内部激励问题探析》,《北京教育学院学报》2010 年第 6 期。

杜鸿科、霍涌泉、刘少林等:《陕西省民办高校教师队伍建设调研报告》,《民办教育研究》2007 年第 6 期。

段海军、连灵:《民办高校教师队伍建设的困境与破解》,《内蒙古师范大学学报》(教育科学版)2010 年第 5 期。

方晓田、王德清:《后大众化时期民办高等教育发展与政府干预》,《高等教育研究》2013 年第 10 期。

顾永红:《美国大学教师聘任制度的变迁及启示》,《国家教育行政学院学报》2012 第 10 期。

华灵燕:《美日私立高校教师权益保障的经验与做法》,《中国教师报》2011 年 3 月 16 日。

黄春丽:《民办高校教师流失的成因与对策》,《理论观察》2007 年第 4 期。

黄海华:《韩国私立高校的发展及其启示》,《黄河科技大学学报》2010 年第 2 期。

黄丽、阎凤桥:《民办高校教师聘用关系及其激励作用之实证分析》,《民办教育研究》2005 年第 6 期。

蒋妍、林杰:《日本大学教师发展的理念与实践——京都大学的个案》,《北京大学教育评论》2011 年第 3 期。

教育部高校教师培训研究课题组:《湖北民办高校教师队伍建设

现状及对策》,《浙江树人大学学报》2004 年第 4 期。

金劲彪:《民办高校与教师的法律关系探析》,《高等工程教育研究》2009 年第 1 期。

肯尼思·蔡克纳、刘祯干:《新自由主义思想和美国教师教育的变革》,《华东师大基础教育改革与发展研究所"公平、均衡、效率——多元社会背景下的教育改革"国际学术研讨会会议论文集》,2008。

匡维、黄尧:《民办高等教育中的公私合作伙伴关系》,《高校教育管理》2013 年第 4 期。

赖爱春:《民办高校师资队伍建设问题与对策》,《教育发展研究》2005 年第 8 期。

李碧虹:《关于民办高校教师人力资本产权的思考》,《高教探索》2004 年第 3 期。

李碧虹:《民办高校教师任用中的信息不对称及其治理》,《民办教育研究》2005 年第 3 期。

李春霞、李玉春:《尊重教师是民办高校师资管理的关键》,《教育导刊》2006 年 7 期。

李高申:《强化师资队伍建设是民办高校实施内涵式发展战略的根本途径》,《黄河科技大学学报》2010 第 4 期。

李海峰、邱俊燕:《归属感——民办高校教师队伍建设的关键》,《继续教育研究》2012 年第 2 期。

李瑾:《民办高校师资队伍建设若干问题分析:陕西实证》,《浙江树人大学学报》(人文社会科学版)2012 第 3 期。

李念良:《试论组织行为学理论在民办高校教师队伍建设工作中的运用》,《湖北函授大学学报》2010 年第 5 期。

李维民:《国家公共财政进入民办高校是社会的一大进步》,《浙江树人大学学报》(人文社会科学版)2013 年第 3 期。

李小娃：《民办高校发展的现实困境及路径选择》，《浙江树人大学学报》（人文社会科学版）2009 年第 5 期。

李妍：《民办高校教师队伍发展》，《教育与职业》2012 年第 26 期。

李元钊：《加快师资队伍建设 促进民办高等教育发展》，《西安欧亚职业学院学报》2003 年第 1 期。

梁昊、赵亮：《宽带薪酬在民办高校教师薪酬设计中的适用性分析》，《今日财富》（金融发展与监管）2011 年第 12 期。

梁燕玲：《无根的群落：民办高校教师流动状况调查——以陕西省部分民办高校为例》，《大学》（学术版）2010 年第 11 期。

梁永蓓：《基于公平理论的安徽民办高校教师激励分析》，《管理观察》2013 年第 25 期。

刘春燕：《"员工帮助计划"对民办高校师资管理的启示》，《教育发展研究》2005 年第 16 期。

刘华：《国内外民办（私立）院校师资队伍建设经验借鉴》，《民办教育研究》2007 年第 6 期。

刘少林：《民办高校的崛起之路：创建教师队伍新机制》，《民办教育研究》2003 年第 6 期。

刘淑玲：《从民办高校教师的心理契约状况看师资队伍建设》，《民办教育研究》2009 年第 11 期。

刘喜琴：《论政府主导的民办高校教师社会保障体系的建立》，《黄河科技大学学报》2012 年第 5 期。

刘尧：《我国民办高等教育的现状、问题与发展趋势》，《教育研究》2004 年第 9 期。

卢辉炬：《中、美、日大学教师发展之比较》，《改革开放与中国高等教育——2008 年高等教育国际论坛论文汇编》，2008。

吕春燕：《民办高校教师专业发展的理论研究》，《黄河科技大学学报》2011 年第 1 期。

吕春燕：《民办高校教师专业发展的现状与问题分析》，《教育与职业》2011 年第 33 期。

罗道全：《对民办高校师资队伍建设思路创新的思考》，《西安欧亚学院学报》2008 年第 1 期。

马立武、孙丽：《美国大学教师和学生的宪法权利概述》，《北京科技大学学报》（社会科学版）2007 年第 1 期。

马顺林：《民办高校师资建设的现实困境与发展可能——基于 S 大学近十年经验的考察》，《集美大学学报（教育科学版）》2012 年第 1 期。

潘懋元、别敦荣、石猛：《论民办高校的公益性与营利性》，《教育研究》2013 年第 3 期。

彭华：《浅析民办高校师资队伍建设中的问题与对策》，《黄河科技大学学报》2009 年第 5 期。

邱立姝：《民办高校专任教师队伍建设有关问题的思考》，《黑龙江教育（高教研究与评估）》2008 年第 Z1 期。

施文姝：《民办高校组织文化对教师工作满意度的影响》，《浙江树人大学学报》（人文社会科学版）2009 年第 5 期，

史秋衡：《师资队伍建设：民办高校发展的根基》，《高等教育研究》1999 年第 4 期。

宋宏福：《民办高校教师权益保障问题探析》，《当代教育论坛》（综合研究）2010 年第 12 期。

宋秋蓉：《民国时期私立大学发展的政策环境》，《清华大学教育研究》2004 年第 2 期。

宋秋蓉：《民国时期制约私立大学发展的因素分析》，《国家教育行政学院学报》2008 年第 5 期。

孙大廷：《试论私立大学发展的法律与政策保障》，《民办教育研

究》2005 年第 2 期。

孙蕾、阎凤桥:《民办高校教师对学校信任程度及类型的计量分析》,《2005 年中国教育经济学年会会议论文集》,2005。

孙丽丽:《民办高校教师职业倦怠成因及对策研究》,《黑龙江教育学院学报》2010 年第 7 期。

孙新:《大学教师受雇者角色初探》,《现代教育科学》2011 年第 3 期。

唐安国、黄之茜:《民办高校师资队伍建设的外部环境和制度建设》,《民办教育研究》2004 年第 2 期。

童国尧:《组织承诺:民办高校教师队伍建设的启迪》,《中国高教研究》2005 年第 10 期。

王波、卜良春:《民办高校教师队伍素质提高的有效途径》,《教育学术月刊》2008 年第 8 期。

王得忠:《依法加强民办高校教师队伍建设》,《中国教育报》2005 年 4 月 8 日。

王海红:《民办高校教师人力资源管理研究》,《黄河科技大学学报》2008 年第 3 期。

王卫:《民办高校外聘教师的绩效考评》,《浙江树人大学学报》2006 年第 3 期。

王晓燕:《日本大学改革进程中的教师队伍管理及发展趋势》,《外国教育研究》2008 年第 12 期。

王鑫颖:《民办高校教师法律地位探析》,《湖北经济学院学报》(人文社会科学版) 2013 年第 2 期。

王艳:《民办高校教师:谁为我们铺设未来发展之路》,《教育与职业》2005 年第 25 期。

魏晖、魏江虹:《江西民办高校教师队伍构成与培养的研究》,《黑龙江高教研究》2008 年第 8 期。

吴超、曹祥英、赵春芳:《江西民办高校教师队伍的现状及培养建设对策》,《江西教育科研》2007年第10期。

吴春玉:《韩国私立高等教育发展的特点》,《集美大学学报（教育科学版）》,2006年第3期。

吴伦敦、李莉、吴绍芬:《以"生利"为出发点的民办高校教师队伍建设》,《职业技术教育》2003年第28期。

吴伦敦、肖静芬、李莉:《我国中南地区民办高校教师队伍建设现状调查》,《黄河科技大学学报》2004年第3期。

吴伦敦、张红、金曾妮:《民办高等学校教师队伍建设任重道远——广东省民办高等学校调查》,《高教探索》2005年第1期。

吴岩:《市场权力协调下的美国大学教师聘任制度改革及启示》,《外国教育研究》2011年第1期。

夏季亭、贾东荣:《山东省民办高校师资队伍的现状、特点与对策思考》,《山东师范大学学报》（人文社会科学版）2004年第3期。

谢清琳:《民办与公办高校教师工作满意度调研分析》,《浙江树人大学学报》（人文社会科学版）2008年第3期。

徐溧波:《国有民办高校教师管理机制初探》,《国家高级教育行政学院学报》2000年第6期。

徐雄伟、高耀明:《民办高校学术职业现状的调查分析》,《高等教育研究》2013年第1期。

徐绪卿:《抓住机会　加快建设民办高校专职教师队伍》,《中国高教研究》2001年第6期。

许书烟、施少芳、吴春来:《福建省民办高校师资队伍建设研究》,《长春理工大学学报》2011年第7期。

薛金祥:《民办高校教师继续教育的新思考》,《继续教育研究》2005年第5期。

荀渊:《全国民办高等学校教师队伍建设高级研讨会纪要》,《民办教育研究》2004 年第 2 期。

阎凤桥：《美国私立高等教育特征分析》，《民办教育研究》2003 年第 3 期。

阎凤桥：《私立高等教育的全球扩张及其相关政策——对 2009 年世界高等教育大会报告文本的分析》，《教育研究》2010 第 11 期。

杨柳：《国外私立高校教师权利保障的经验做法和启示》，《成功》（教育版）2011 年第 24 期。

杨柳：《我国民办高校教师薪酬激励研究——基于全面薪酬战略理论分析》，《民办教育研究》2005 年第 6 期。

杨文、贾东荣：《试论民办高校的师资队伍建设》，《教育与职业》2005 年第 9 期。

杨秀芸：《民办高校的师资队伍建设》，《北京城市学院学报》2007 年第 3 期。

姚群、孔颖：《民办高校教师绩效评价体系的构建及其实证研究》，《民办教育研究》2007 年第 4 期。

岳鲁锋：《国外私立大学教师权利保障的经验及启示》，《民办教育研究》2008 年第 1 期。

岳鲁锋、郭桂英：《国外私立大学教师权利保障的经验及启示》，《理工高教研究》2008 年第 2 期。

曾小军：《民办高等教育成本分担的路径依赖分析》，《中国高教研究》2013 年第 4 期。

张涵：《民办高校师资建设的问题诊断》，《民办教育研究》2008 年第 2 期。

张娟、蔡斌：《论民办高校师资队伍的环境建设》，《浙江树人大学学报》2006 年第 2 期。

张伟东、吴华：《事业编制对民办高校教师组织承诺、工作投入的影响》，《浙江大学学报》（人文社会科学版）2013 年第 1 期。

赵炬明：《美国大学教师管理研究（上）》，《高等工程教育研究》2011 年第 5 期。

赵炬明：《美国大学教师管理研究（下）》，《高等工程教育研究》2011 第 6 期。

赵联章：《民办高校教师岗位聘任与考核制度体系研究》，《民办教育研究》2008 年第 3 期。

赵联章：《民办高校教师管理和师资队伍建设探索》，《民办教育研究》2004 年第 5 期。

赵兴：《世界私立高等教育的发展特点》，《世界教育信息》2009 年第 7 期。

郑先俐：《重庆市民办高校师资队伍建设的现状及对策》，《理工高教研究》2007 第 4 期。

周国平：《陕西民办高校专职教师培训现状、问题与建议》，《民办教育研究》2006 年第 1 期。

周庆、周斌：《民办高校教师队伍建设的困境、原因及解决措施》，《黑龙江教育（高教研究与评估)》2007 年第 Z1 期。

周文波：《民办高校组织承诺、组织气氛与教师绩效的关系研究》，《国家教育行政学院学报》2010 年第 12 期。

朱海平：《关于我国民办高校教师激励措施的思考》，《北京城市学院学报》2012 年第 1 期。

外文著作

Frederick, W. C., *Business and Society*, *Corporate Strategy*, *Public Policy*, *Ethics* (6th ed.), McGraw-Hill Book Co, 1988.

Frumkin, Peter, *On Being Nonprofit*, Cambridge: Harvard University Press, 2002.

Kevin Kinser and Daniel C. Levy, "For-profit Higher Education: US Tendencies, International Echoes", in James J. F. Forest, Philip Altbach, eds. , *International Handbook of Higher Education*, Springer, 2007.

Mary Louise Holly, Caven S. Mcloughlin, *Perspectives on Teacher Professional Development*, London: Falmer Press, 1989.

Paul R. Hagner and Charles A. Schneebeck, "Engaging the Faculty", In Carole A. Barone, Paul R. Hagner, eds. , *Technology-enhanced Teaching and Learning: Leading and Supporting the Transformation on Your Campus*, Jossey-Bass, 2001.

Susan Rodrigues, *International Perspectives on Teacher Professional Development: Changes Influenced by Politics, Pedagogy and Innovation*, New York: Nova Science Publishers, 2004.

Walter W. Powell and Richard Steinberg, *The Nonprofit Sector: A Research Handbook*, 2nd Edition, New Haven: Yale University Press, 2006.

外文期刊

Angrist D. Joshua and Guryan Jonathan, "Teacher Testing, Teacher Education and Teacher Characteristics," *The American Economic Review*, Vol. 94, No. 2, 2004.

Anne E. Preston, "Efficiency, Quality, and Social Externalities in the Provision of Day Care: Comparisons of Nonprofit and For-Profit Firms," *Journal of Productivity Analysis*, Vol. 1-2, No. 4, 1993.

Dale Ballou and Michael Podgursky, "Teacher Recruitment and Retention in Public and Private Schools," *Journal of Policy Analysis and Management*, Vol. 17, No. 3, 1998.

Dale Ballou, "Pay for Performance in Public and Private Schools,"

Economics of Education Review, Vol. 20, No. 1, 2001.

Dan Goldhaber and Katharine Destler, eds., "Teacher Labor Markets and the Perils of Using Hedonics to Estimate Compensating Differentials in the Public Sector," *Economics of Education Review*, Vol. 29, No. 1, 2010.

Estelle James, "The Public/Private Division of Responsibility for Education: An International Comparison," *Economics of Education Review*, Vol. 6, No. 1, 1987.

Jay G. Chambers, "Patterns of Compensation of Public and Private School Teachers," *Economics of Education Review*, Vol. 4, No. 4, 198.

Jere E. Brophy, "Advances in Teacher Effectiveness Research," *The Journal of Classroom Interaction*, Vol. 45, No. 1, 2010.

Kiziltepe and Zeynep, "Motivation and Demotivation of University Teachers," *Teachers and Teaching: Theory and Practice*, Vol. 14 (5-6), 2008.

Philip G. Altbach, "Private Higher Education: Themes and Variations in Comparative Perspective," *International Higher Education*, No. 10, 2000.

附　录

附录1：不同群体民办高校教师的身份地位差异检验

群体		均数	标准差	F	显著性（P）
年龄	30 岁及以下	1.80	0.824	14.434	0.000
	31~40 岁	1.63	0.808		
	41~50 岁	2.06	1.044		
	51~60 岁	2.46	0.981		
	60 岁以上	2.37	1.106		
地区	北京	1.74	0.943	18.093	0.000
	山东	1.65	0.820		
	宁夏	1.74	0.799		
	浙江	2.29	0.914		
	河南	1.65	0.817		
教龄	1~5 年	1.85	0.868	6.493	0.000
	6~10 年	1.62	0.793		
	11~20 年	1.84	0.938		
	21~30 年	2.20	1.399		
	31 年或以上	2.11	0.922		

群体		均数	标准差	F	显著性（P）
本校工作年限	1~5 年	1.88	0.904	6.104	0.000
	6~10 年	1.64	0.778		
	11~15 年	1.71	1.021		
	15 年以上	1.79	0.642		
最高受教育程度	专科及以下	1.88	0.816	1.423	0.224
	学士	1.77	0.844		
	硕士	1.77	0.880		
	博士	1.71	0.769		
职称	正高级	2.07	0.970	7.161	0.000
	副高级	2.13	0.948		
	中级	1.70	0.865		
	初级	1.77	0.834		
工资收入	3000 元以下	1.67	0.806	3.184	0.013
	3001~4000 元	1.81	0.891		
	4001~5000 元	1.76	0.890		
	5001~6000 元	2.02	0.972		
	6000 元以上	2.00	0.831		
管理职务	无职务	1.79	0.882	1.022	0.403
	校领导	1.25	0.354		
	校部中层	1.57	0.590		
	院系正职	1.71	0.639		
	院系副职	1.58	0.747		
	教研室职务、辅导员	1.85	0.967		
每周授课学时	1~4 学时	1.61	0.655	1.520	0.181
	5~8 学时	1.78	0.804		
	9~12 学时	1.79	0.840		
	13~16 学时	1.85	0.946		
	17~20 学时	1.66	0.789		
	21~24 学时	1.73	0.942		

附录2：不同群体民办高校教师的薪酬待遇差异检验

群体		均数	标准差	F	显著性（P）
年龄	30 岁及以下	2.60	0.880	7.311	0.000
	31 ~ 40 岁	2.38	0.847		
	41 ~ 50 岁	2.59	0.819		
	51 ~ 60 岁	2.79	0.803		
	60 岁以上	3.01	0.695		
地区	北京	2.82	0.808	6.933	0.000
	山东	2.56	0.929		
	宁夏	2.56	0.823		
	浙江	2.57	0.767		
	河南	2.37	0.899		
教龄	1 ~ 5 年	2.59	0.863	6.263	0.000
	6 ~ 10 年	2.36	0.866		
	11 ~ 20 年	2.48	0.846		
	21 ~ 30 年	2.68	0.761		
	31 年或以上	2.96	0.713		
本校工作年限	1 ~ 5 年	2.59	0.852	3.889	0.009
	6 ~ 10 年	2.40	0.870		
	11 ~ 15 年	2.51	0.905		
	15 年以上	2.27	0.835		
最高受教育程度	专科及以下	3.09	1.075	7.312	0.000
	学士	2.57	0.862		
	硕士	2.43	0.835		
	博士	3.09	0.983		
职称	正高级	2.92	0.756	5.153	0.002
	副高级	2.70	0.782		
	中级	2.42	0.831		
	初级	2.52	0.916		

续表

群体		均数	标准差	F	显著性(P)
工资收入	3000 元以下	2.38	0.919	5.646	0.000
	3001~4000 元	2.54	0.822		
	4001~5000 元	2.55	0.732		
	5001~6000 元	2.78	0.887		
	6000 元以上	2.98	0.727		
管理职务	无职务	2.48	0.865	3.276	0.006
	校领导	4.50	0.707		
	校部中层	2.64	0.527		
	院系正职	2.57	0.764		
	院系副职	2.68	0.908		
	教研室职务、辅导员	2.68	0.870		
每周授课学时	1~4 学时	2.46	0.757	1.188	0.313
	5~8 学时	2.49	0.832		
	9~12 学时	2.54	0.897		
	13~16 学时	2.57	0.860		
	17~20 学时	2.48	0.853		
	21~24 学时	2.31	0.838		

附录3：不同群体民办高校教师的社会保险差异检验

群体		均数	标准差	F	显著性(P)
年龄	30 岁及以下	3.45	0.932	2.993	0.018
	31~40 岁	3.23	0.961		
	41~50 岁	3.33	0.854		
	51~60 岁	3.31	0.822		
	60 岁以上	3.41	0.727		

续表

群体		均数	标准差	F	显著性（P）
地区	北京	3.66	0.852	7.662	0.000
	山东	3.08	1.105		
	宁夏	3.46	0.858		
	浙江	3.31	0.774		
	河南	3.24	0.986		
教龄	1~5 年	3.45	0.902	4.907	0.001
	6~10 年	3.17	0.991		
	11~20 年	3.29	0.920		
	21~30 年	3.41	0.902		
	31 年或以上	3.42	0.736		
本校工作年限	1~5 年	3.41	0.890	3.709	0.011
	6~10 年	3.22	0.989		
	11~15 年	3.36	0.894		
	15 年以上	3.05	1.236		
最高受教育程度	专科及以下	3.57	1.123	3.135	0.014
	学士	3.44	0.887		
	硕士	3.25	0.955		
	博士	3.54	0.965		
职称	正高级	3.48	0.753	1.941	0.121
	副高级	3.27	0.794		
	中级	3.25	0.949		
	初级	3.39	0.973		
工资收入	3000 元以下	3.25	1.013	2.159	0.072
	3001~4000 元	3.40	0.891		
	4001~5000 元	3.29	0.888		
	5001~6000 元	3.38	0.821		
	6000 元以上	3.66	0.752		

续表

群体		均数	标准差	F	显著性(P)
管理职务	无职务	3.29	0.946	3.989	0.001
	校领导	5.00	0.000		
	校部中层	3.65	0.705		
	院系正职	3.85	0.632		
	院系副职	3.62	0.937		
	教研室职务、辅导员	3.37	0.891		
每周授课学时	1~4学时	3.48	0.895	2.351	0.039
	5~8学时	3.45	0.813		
	9~12学时	3.38	0.978		
	13~16学时	3.23	0.952		
	17~20学时	3.22	0.934		
	21~24学时	3.16	0.979		

附录4：不同群体民办高校教师的职称评聘差异检验

群体		均数	标准差	F	显著性(P)
年龄	30岁及以下	2.71	0.885	4.637	0.001
	31~40岁	2.53	0.844		
	41~50岁	2.80	0.780		
	51~60岁	2.86	0.605		
	60岁以上	2.94	0.716		
地区	北京	2.55	0.854	2.705	0.029
	山东	2.66	0.891		
	宁夏	2.80	0.857		
	浙江	2.58	0.713		
	河南	2.61	0.886		

群体		均数	标准差	F	显著性（P）
教龄	1～5 年	2.69	0.876	1.840	0.119
	6～10 年	2.55	0.834		
	11～20 年	2.71	0.871		
	21～30 年	2.70	0.830		
	31 年或以上	2.76	0.601		
本校工作年限	1～5 年	2.68	0.856	1.948	0.120
	6～10 年	2.59	0.837		
	11～15 年	2.70	0.908		
	15 年以上	2.25	0.791		
最高受教育程度	专科及以下	3.15	0.988	6.789	0.000
	学士	2.76	0.818		
	硕士	2.55	0.844		
	博士	2.71	1.137		
职称	正高级	2.65	0.611	3.272	0.021
	副高级	2.86	0.786		
	中级	2.57	0.823		
	初级	2.68	0.917		
工资收入	3000 元以下	2.64	0.936	0.378	0.825
	3001～4000 元	2.65	0.812		
	4001～5000 元	2.56	0.742		
	5001～6000 元	2.70	0.794		
	6000 元以上	2.68	0.673		
管理职务	无职务	2.61	0.851	4.905	0.000
	校领导	4.88	0.177		
	校部中层	2.57	0.641		
	院系正职	2.82	0.799		
	院系副职	2.79	0.913		
	教研室职务、辅导员	2.93	0.850		

续表

群体		均数	标准差	F	显著性（P）
每周授课学时	1～4 学时	2.52	0.718	0.930	0.461
	5～8 学时	2.64	0.859		
	9～12 学时	2.65	0.868		
	13～16 学时	2.74	0.832		
	17～20 学时	2.60	0.841		
	21～24 学时	2.64	0.902		

附录5：不同群体民办高校教师的参与学校民主管理差异检验

群体		均数	标准差	F	显著性（P）
年龄	30 岁及以下	2.80	0.884	5.800	0.000
	31～40 岁	2.59	0.916		
	41～50 岁	2.88	0.802		
	51～60 岁	3.08	0.654		
	60 岁以上	2.91	0.950		
地区	北京	2.51	0.856	2.833	0.024
	山东	2.66	0.941		
	宁夏	2.73	0.904		
	浙江	2.70	0.754		
	河南	2.81	0.935		
教龄	1～5 年	2.77	0.877	2.325	0.055
	6～10 年	2.62	0.929		
	11～20 年	2.72	0.876		
	21～30 年	2.93	0.869		
	31 年或以上	2.93	0.899		

群体		均数	标准差	F	显著性（P）
本校工作年限	1~5 年	2.77	0.873	1.506	0.212
	6~10 年	2.64	0.930		
	11~15 年	2.73	0.916		
	15 年以上	2.75	0.808		
最高受教育程度	专科及以下	3.15	1.008	4.491	0.001
	学士	2.83	0.890		
	硕士	2.63	0.877		
	博士	2.74	1.010		
职称	正高级	2.80	0.893	1.137	0.333
	副高级	2.85	0.794		
	中级	2.67	0.908		
	初级	2.74	0.922		
工资收入	3000 元以下	2.68	0.926	1.137	0.338
	3001~4000 元	2.77	0.887		
	4001~5000 元	2.62	0.867		
	5001~6000 元	2.84	0.936		
	6000 元以上	2.80	0.746		
管理职务	无职务	2.69	0.899	2.634	0.022
	校领导	4.33	0.943		
	校部中层	2.99	0.693		
	院系正职	2.92	0.862		
	院系副职	2.80	0.850		
	教研室职务、辅导员	2.89	0.872		
每周授课学时	1~4 学时	2.72	0.814	0.588	0.709
	5~8 学时	2.71	0.920		
	9~12 学时	2.71	0.936		
	13~16 学时	2.79	0.914		
	17~20 学时	2.62	0.880		
	21~24 学时	2.70	0.891		

附录6：民办高校教师权益调查问卷

尊敬的各位同人：

您好！这是一份关于民办高校教师情况的问卷，对本问卷结果的研究将为我国民办高等教育改革和发展提供建设性意见。问卷填写的真实性和完整性将影响我们的研究结论，烦请仔细阅读，据实填写，不要遗漏。衷心感谢您的支持和帮助！

一、背景信息（请在适当的□内填上√，或在横线上填写相关内容）

1. 性别：□男　□女

2. 年龄：□30 岁及以下　□31 ~ 40 岁　□41 ~ 50 岁　□51 ~ 60 岁　□60 岁以上

3. 教龄：□1 ~ 5 年　□6 ~ 10 年　□11 ~ 20 年　□21 ~ 30 年 □31 年或以上

4. 在本校的工作年限：□1 ~ 5 年　□6 ~ 10 年　□11 ~ 15 年 □15 年以上

5. 婚姻状况：□未婚　□已婚　□离异　□丧偶

6. 最高教育程度：□专科及以下　□学士　□硕士　□博士 □其他_____

7. 职称：□正高级　□副高级　□中级　□初级

8. 任教专业/学科：□工学　□经济学　□管理学　□艺术学 □法学　□教育学　□文学　□农学 □医学

9. 本学期承担课程门数：□一门　□二门　□三门　□四门 □五门及以上

10. 您本学期每周授课约为_____学时（每学时为 45 分钟）

11. 您每月实际收入：□3000 元以下　□3001～4000 元
　　　　　　　　　□4001～5000 元　□5001～6000 元
　　　　　　　　　□6000 元以上

12. 管理职务：□无　□校领导　□校部中层　□院系正职
　　　　　　　□院系副职　其他_____

13. 学校位置：_____省（自治区、直辖市）_____市

14. 学校办学层次：□本科　□专科

	二、以下是当前民办高校教师权益实现中现存问题的题项,请按您的赞同程度,在最合适的选项上打"✓"。	极不赞同	不赞同	中立	赞同	极为赞同
1	与公办高校相比,民办高校教师的社会地位不高	①	②	③	④	⑤
2	与公办高校相比,民办高校教师的身份编制不清	①	②	③	④	⑤
3	与公办高校相比,民办高校教师的待遇保障不足	①	②	③	④	⑤
4	与公办高校相比,民办高校教师职称评定困难	①	②	③	④	⑤
5	与公办高校相比,民办高校教师课题立项申请困难	①	②	③	④	⑤
6	与公办高校相比,民办高校教师评优评奖机会较少	①	②	③	④	⑤
7	与公办高校相比,民办高校教师进修培训机会较少	①	②	③	④	⑤
8	与公办高校相比,民办高校教师队伍稳定性不够	①	②	③	④	⑤
9	与公办高校相比,民办高校教师组织认同感不强	①	②	③	④	⑤

二、以下是当前民办高校教师权益实现中现存问题的题项，请按您的赞同程度，在最合适的选项上打"✓"。	极不赞同	不赞同	中立	赞同	极为赞同
10	与公办高校相比，民办高校教师专业发展受限更大	①	②	③	④	⑤
11	与公办高校相比，民办高校教师管理人文关怀不够	①	②	③	④	⑤
12	与公办高校相比，民办高校教师自我效能感不高	①	②	③	④	⑤
13	教师权益实现程度将严重影响民办高校可持续发展	①	②	③	④	⑤

三、以下是关于贵校教师权益实现的题项，请按照您对事实的掌握程度，在最合适的选项上打"✓"。	极不赞同	不赞同	中立	赞同	极为赞同
1	贵校教师身份属于或等同于公办高校教师身份	①	②	③	④	⑤
2	贵校按规定为教师足额缴纳了医疗保险	①	②	③	④	⑤
3	贵校按规定为教师足额缴纳了养老保险	①	②	③	④	⑤
4	贵校按规定为教师足额缴纳了失业保险	①	②	③	④	⑤
5	贵校按规定为教师足额缴纳了工伤保险	①	②	③	④	⑤
6	贵校按规定为教师足额缴纳了生育保险	①	②	③	④	⑤
7	贵校按规定为教师足额缴纳了住房公积金	①	②	③	④	⑤
8	贵校为教师提供了其他形式的福利保障	①	②	③	④	⑤
9	贵校为教师建立了补充养老保险和医疗保险	①	②	③	④	⑤
10	贵校有科学完善的薪酬激励和福利待遇体系	①	②	③	④	⑤
11	贵校依法聘用教师，明确了双方权利义务	①	②	③	④	⑤
12	贵校及时足额兑现了教师工资待遇	①	②	③	④	⑤
13	贵校教师年度薪酬与同级同类公办高校差别不大	①	②	③	④	⑤

三、以下是关于贵校教师权益实现的题项,请按照您对事实的掌握程度,在最合适的选项上打"✓"。	极不赞同	不赞同	中立	赞同	极为赞同
14	贵校教师福利待遇与同级同类公办高校差别不大	①	②	③	④	⑤
15	贵校有健全的教师职称职务评聘制度	①	②	③	④	⑤
16	贵校教师职称评聘与同级同类公办高校差别不大	①	②	③	④	⑤
17	贵校教师科研立项机会与公办高校差别不大	①	②	③	④	⑤
18	贵校教师评优评奖机会与公办高校差别不大	①	②	③	④	⑤
19	贵校教师进修访学培训机会与公办高校差别不大	①	②	③	④	⑤
20	贵校有健全的教师参与学校管理的机制	①	②	③	④	⑤
21	贵校充分尊重教师的话语权和民主参与管理权	①	②	③	④	⑤
22	贵校教职工代表大会等民主管理制度发挥作用明显	①	②	③	④	⑤

四、以下是关于如何实现民办高校教师权益的题项,请按照您的赞同程度,在最合适的选项上打"✓"。	极不赞同	不赞同	中立	赞同	极为赞同
1	转变观念,民办高校教师是我国教师队伍的重要部分	①	②	③	④	⑤
2	加快法律法规制定修订进程,提供良好环境	①	②	③	④	⑤
3	落实地方扶持政策,提供政策保障条件	①	②	③	④	⑤
4	非营利性民办高校教师身份应等同于公办高校教师	①	②	③	④	⑤
5	两类民办高校教师身份均应等同于公办高校教师	①	②	③	④	⑤

四、以下是关于如何实现民办高校教师权益的题项,请按照您的赞同程度,在最合适的选项上打"√"。		极不赞同	不赞同	中立	赞同	极为赞同
6	非营利性民办高校教师参加与事业单位人员相当的社保体系	①	②	③	④	⑤
7	营利性民办高校教师参加与企业职工相当的社保体系	①	②	③	④	⑤
8	非营利性民办高校教师社保参照公办高校教师缴纳	①	②	③	④	⑤
9	两类民办高校教师社会保险由学校、政府和个人分担	①	②	③	④	⑤
10	营利性民办高校教师养老医疗保险参照公办高校缴纳	①	②	③	④	⑤
11	完善民办高校教师人事争议处理机制	①	②	③	④	⑤
12	建立符合民办高校教师职业特点的工资分配激励机制	①	②	③	④	⑤
13	民办高校教师工资水平不低于同级同类公办高校教师	①	②	③	④	⑤
14	对教龄和工龄较长的民办高校教师,实行倾斜政策	①	②	③	④	⑤
15	民办高校教师职称评审与公办高校教师享受同等待遇	①	②	③	④	⑤
16	保障教师职称评审权与同级同类公办高校权限同等	①	②	③	④	⑤
17	构建符合民办高校教师职业特点的职称评价体系	①	②	③	④	⑤
18	民办高校教师工作变动后,教龄和工龄应连续计算	①	②	③	④	⑤
19	建立健全公办、民办高校教师交流制度	①	②	③	④	⑤
20	政府设置专项经费支持民办高校科研,学校配套支持	①	②	③	④	⑤

续表

四、以下是关于如何实现民办高校教师权益的题项,请按照您的赞同程度,在最合适的选项上打"✓"。	极不赞同	不赞同	中立	赞同	极为赞同
21	将民办高校教师培养培训工作纳入当地教育发展规划	①	②	③	④	⑤
22	定期开展民办高校教师表彰奖励工作	①	②	③	④	⑤
23	完善教师管理制度,鼓励教师参与学校管理和决策	①	②	③	④	⑤

五、您认为阻碍民办高校教师权益(身份地位、职称评聘、福利待遇和参与学校管理)实现的主要原因有什么?应采取哪些改进措施?(请填写)

问卷到此结束,再次感谢您的帮助与配合!

图书在版编目（CIP）数据

民办高校教师权益实现研究／景安磊著 . －－北京：
社会科学文献出版社，2019.3
　ISBN 978 - 7 - 5201 - 4622 - 7

　Ⅰ.①民… 　Ⅱ.①景… 　Ⅲ.①民办高校 - 师资队伍建
设 - 研究 - 中国 　Ⅳ.①G648.7

　中国版本图书馆 CIP 数据核字（2019）第 057874 号

民办高校教师权益实现研究

著　　者／景安磊

出 版 人／谢寿光
责任编辑／刘同辉

出　　版／社会科学文献出版社
　　　　　　地址：北京市北三环中路甲 29 号院华龙大厦　邮编：100029
　　　　　　网址：www.ssap.com.cn
发　　行／市场营销中心（010）59367081　59367083
印　　装／三河市龙林印务有限公司

规　　格／开　本：787mm × 1092mm　1/16
　　　　　　印　张：12.25　字　数：165 千字
版　　次／2019 年 3 月第 1 版　2019 年 3 月第 1 次印刷
书　　号／ISBN 978 - 7 - 5201 - 4622 - 7
定　　价／69.00 元

本书如有印装质量问题，请与读者服务中心（010 - 59367028）联系